Hanna Segal
Traum, Phantasie und Kunst

Das Anliegen der Buchreihe BIBLIOTHEK DER PSYCHOANALYSE besteht darin, ein Forum der Auseinandersetzung zu schaffen, das der Psychoanalyse als Grundlagenwissenschaft, als Human- und Kulturwissenschaft sowie als klinische Theorie und Praxis neue Impulse verleiht. Die verschiedenen Strömungen innerhalb der Psychoanalyse sollen zu Wort kommen, und der kritische Dialog mit den Nachbarwissenschaften soll intensiviert werden. Bislang haben sich folgende Themenschwerpunkte herauskristallisiert: Die Wiederentdeckung lange vergriffener Klassiker der Psychoanalyse – wie beispielsweise der Werke von Otto Fenichel, Karl Abraham, Siegfried Bernfeld, W. R. D. Fairbairn, Sándor Ferenczi und Otto Rank – soll die gemeinsamen Wurzeln der von Zersplitterung bedrohten psychoanalytischen Bewegung stärken. Einen weiteren Baustein psychoanalytischer Identität bildet die Beschäftigung mit dem Werk und der Person Sigmund Freuds und den Diskussionen und Konflikten in der Frühgeschichte der psychoanalytischen Bewegung.

Im Zuge ihrer Etablierung als medizinisch-psychologisches Heilverfahren hat die Psychoanalyse ihre geisteswissenschaftlichen, kulturanalytischen und politischen Bezüge vernachlässigt. Indem der Dialog mit den Nachbarwissenschaften wiederaufgenommen wird, soll das kultur- und gesellschaftskritische Erbe der Psychoanalyse wiederbelebt und weiterentwickelt werden.

Die Psychoanalyse steht in Konkurrenz zu benachbarten Psychotherapieverfahren und der biologisch-naturwissenschaftlichen Psychiatrie. Als das ambitionierteste unter den psychotherapeutischen Verfahren sollte sich die Psychoanalyse der Überprüfung ihrer Verfahrensweisen und ihrer Therapie-Erfolge durch die empirischen Wissenschaften stellen, aber auch eigene Kriterien und Verfahren zur Erfolgskontrolle entwickeln. In diesen Zusammenhang gehört auch die Wiederaufnahme der Diskussion über den besonderen wissenschaftstheoretischen Status der Psychoanalyse.

Hundert Jahre nach ihrer Schöpfung durch Sigmund Freud sieht sich die Psychoanalyse vor neue Herausforderungen gestellt, die sie nur bewältigen kann, wenn sie sich auf ihr kritisches Potenzial besinnt.

BIBLIOTHEK DER PSYCHOANALYSE
HERAUSGEGEBEN VON HANS-JÜRGEN WIRTH

Hanna Segal

Traum, Phantasie und Kunst

Mit einem Vorwort von Betty Joseph

Aus dem Englischen von Ursula Goldacker

Psychosozial-Verlag

Titel der englischen Originalausgabe:
Dream, phantasy and art
First published 1991 by Routledge
© 1991 Hanna Segal
Published by arrangement with The Marsh Agency

Bibliografische Information der Deutschen Nationalbibliothek
Die Deutsche Nationalbibliothek verzeichnet diese Publikation
in der Deutschen Nationalbibliografie; detaillierte bibliografische Daten
sind im Internet über http://dnb.d-nb.de abrufbar.

Unveränderte Neuauflage der deutschen Ausgabe von 1996 (Stuttgart: Klett-Cotta)
Deutsche Übersetzung von Ursula Goldacker © Klett-Cotta, Stuttgart 2022
© 2023 Psychosozial-Verlag GmbH & Co. KG, Gießen
info@psychosozial-verlag.de
www.psychosozial-verlag.de
Umschlagabbildung: William Blake, *Welcher Engel fällt von den Wolken,* 1809
Umschlaggestaltung nach Entwürfen von Hanspeter Ludwig, Wetzlar
ISBN 978-3-8379-3225-6

Inhalt

Vorwort

In allem Geschriebenen spiegelt sich etwas von der Persönlichkeit des Autors, und dieses Buch bildet keine Ausnahme. Es zeigt die Vielfalt von Hanna Segals Interessen, ihre Fähigkeit, sie zu verfolgen und ihnen auf den Grund zu gehen und sich dabei dennoch innerhalb eines strengen theoretischen Rahmens zu bewegen – eines Rahmens, den sie selbst ausgebaut hat und nach dem sie sich richtet. In ihrem gesamten Werk – ja, selbst in ihrem Leben – läßt sich erkennen, wie sie diese Aspekte miteinander verknüpfen kann: Wie sie in der Lage ist, Grenzen zu erweitern und sie zugleich zu genießen.

Sie wurde 1918 in Polen geboren. Ihre Mutter war eine schöne, charakterstarke und vitale Frau. Ihr Vater war ein Mann mit vielen Interessen; mit zwanzig Jahren schrieb er, während er in Paris Jura studierte, eine Geschichte der französischen Bildhauerei des 19. Jahrhunderts, die in Polen immer noch als Standardwerk gilt. Er war Rechtsanwalt in Warschau, emigrierte aber in den frühen dreißiger Jahren und wurde Herausgeber einer internationalen Zeitschrift in Genf. Hanna Segal war zwölf, als ihre Familie Polen verließ, aber sie blieb mit ihren dortigen Wurzeln immer zutiefst verbunden, und als sie siebzehn war, überredete sie ihre Eltern, sie nach Polen zurückkehren zu lassen. Dort schloß sie die Schule ab und studierte Medizin. Während des Krieges war sie in Paris, wo ihre Eltern lebten, und als Paris von den Nazis besetzt wurde, folgte sie dem Hauptstrom der Flüchtlinge und kam nach London; sie zog weiter nach Edinburgh und nahm dort ihr Studium wieder auf.

Sie kannte Freuds Schriften sehr gut, und während ihres Aufenthaltes in Edinburgh entdeckte sie das Werk Anna Freuds und Melanie Kleins. Sie entschloß sich, bei M. Klein ihre Ausbildung zu machen. Sie hatte das Glück, in Edinburgh Dr. David Matthews zu treffen, der selbst von M. Klein analysiert worden war; er bot ihr an, sie in Analyse zu nehmen, während sie auf ihre Rückkehr nach London wartete. Sie kam nach London, wurde von der Britischen Psychoanalytischen Gesellschaft zur Ausbildung und von Melanie Klein zur Analyse angenommen; 1945 schloß sie die Ausbildung ab. Kurz danach begegneten wir beide uns zum ersten Mal; unsere Freundschaft hat sich also über mehr als vierzig Jahre hinweg entwickelt. Als sie 32 Jahre alt war, wurde sie Lehranalytikerin.

All diese Aspekte finden ihren Niederschlag im vorliegenden Buch: die sichere, der Logik verpflichtete Einstellung des Wissenschaftlers, die Liebe zur Schönheit und das Verlangen, sie zu ergründen, die Suche nach der Wahrheit innen wie außen und die Offenheit des Eroberers, dessen Welt keine Grenzen kennen darf. Das ist wichtig, denn dieses Buch will nicht einfach nur die Psychoanalyse auf andere Bereiche anwenden, z. B. auf Kunst oder Spiel, vielmehr entwickeln sich die unterschiedlichen Interessen eines aus dem anderen und bereichern sich gegenseitig. Diesen Aspekt hat meiner Meinung nach Robert Langs in seiner Einführung zu ihrem Buch *The Work of Hanna Segal; a Kleinian Approach to Clinical Practice: Delusion and Artistic Creativity and Other Psycho-Analytic Essays*, erschienen 1981, gut zum Ausdruck gebracht. Bei bestimmten Beiträgen in ihrem Buch, schrieb er, handele es sich nicht so sehr um „Essays in angewandter Psychoanalyse als vielmehr um eine in sich geschlossene Darlegung ihrer klinisch-theoretischen Sichtweise". Vielleicht sind es der Reichtum ihrer Interessen und die Tiefe ihrer Gedanken zu klinisch-theoretischen Fragestellungen, die diesem Buch seine tiefe Überzeugungskraft ebenso wie seine Frische und Kreativität verleihen. Natürlich ist es riskant, die Grenzen des eigenen Faches zu überschreiten, weil das den Autor der Kritik von Autoren anderer Disziplinen aussetzt, aber Hanna Segal ist bereit, dieses Risiko auf sich zu nehmen.

Die Logik, der dieses Buch folgt, erscheint sehr klar: Zunächst führt Hanna Segal den Leser in Freuds Theorie der Träume ein und beschreibt eigene klinische Beispiele. Das veranlaßt sie sodann, innezuhalten und über eine der wichtigsten Facetten der Träume und des Träumens zu sprechen, nämlich die unbewußten Phantasien, die in den Augen M. Kleins die Grundlage aller geistigen und emotionalen Aktivitäten bilden. Hier bewegt sie sich frei zwischen Freuds und Melanie Kleins Ideen hin und her und bezieht das Konzept der unbewußten Phantasien nicht nur auf Träume, sondern auch auf Freuds Gedanken in bezug auf die Bewegung vom Lustprinzip zum Realitätsprinzip, die sie mit Kleins Gedanken über die Bewegung von der paranoid-schizoiden zur depressiven Position verknüpft.

Für Hanna Segal ist die Untersuchung der Phantasien also grundlegend für das Verständnis der Träume; sie hält diese jedoch für unvollständig, solange nicht zugleich mehr über die Symbolbildung nachgedacht wird – einen Bereich, zu dem sie bereits 1957 einen besonders originellen und wichtigen Beitrag geleistet hat. In dem Kapitel über die Symbolbildung führt sie den Leser durch die Gedanken, die Freud dazu geäußert hat, stellt deren Weiterentwicklung durch Jones dar, gelangt schließlich zu M. Kleins Vorstellungen und kommt so auf ihre eigene Fortführung von Kleins Denken zu sprechen, das sie erweitert und differenziert

8

hat. Sie unterscheidet zwischen dem, was sie symbolische Gleichsetzung nennt, und der eigentlichen Symbolbildung, und sie zeigt, wie die erstere mit der paranoid-schizoiden Position zusammenhängt, insbesondere mit dem übermäßigen Gebrauch projektiver Identifizierungen. Sie verdeutlicht den Unterschied zwischen symbolischer Gleichsetzung und echter Symbolbildung, die, wie sie zeigt, nur innerhalb der depressiven Position stattfinden kann.

In dem Kapitel „Psychischer Raum und Elemente der Symbolbildung" verknüpft Hanna Segal diese Gedanken im einzelnen mit Bions Theorie des Denkens. Der Gedankengang in diesem Abschnitt, der sehr neu ist, ist schwieriger, aber das lebendige Fallmaterial hilft dem Leser, seine Bedeutung zu erfassen. Er eröffnet ein größeres Verständnis für die Probleme, mit denen ein Ich zu tun hat, das nicht in der Lage ist, so zu träumen, wie es der Bedeutung dieses Wortes eigentlich entspricht.

Das Kapitel „Der Traum und das Ich" beschäftigt sich mit den pathologischen Aspekten des Träumens; hier kann man das Vorherrschen konkreter Aspekte erkennen. Sie beschreibt Träume, die in der Analyse offenbar nicht so sehr der Kommunikation dienen als vielmehr ein „acting in" darstellen oder etwas ausstoßen sollen; sie beschreibt Träume, die sie Vorhersage-Träume nennt, Träume, in denen es nicht so sehr darum geht, den Inhalt zu analysieren, als vielmehr um die Art und Weise, wie sie erzählt werden oder welches Verhalten im Zusammenhang mit ihnen gezeigt wird. An dieser Stelle verknüpfen sich die vorhergehenden Kapitel über Phantasie und Symbolgedanken deutlich mit dem Traum-Thema; es wird erkennbar, daß ein teilweises oder vollständiges Scheitern der Traumarbeit mit mangelhafter Symbolbildung und konkretem Denken zusammenhängt.

1947 trug Hanna Segal der Britischen Psychoanalytischen Gesellschaft ihre erste Arbeit vor, die 1952 veröffentlicht wurde: „A Psycho-Analytic Approach to Aesthetics" (Ein psychoanalytischer Zugang zur Ästhetik). Diese Arbeit hatte einen sehr wichtigen Einfluß auf Analytiker, aber auch auf viele Menschen, die wenig oder nichts von Psychoanalyse wußten, aber selbst mit kreativer Arbeit zu tun hatten. Sie hatten deutlich den Eindruck, daß diese Arbeit etwas sehr Wichtiges berührte. Im vorliegenden Buch kommt sie auf dieses Interesse zurück, das sie sich immer bewahrt und über das sie inzwischen eine Reihe von Aufsätzen geschrieben hat. Sie geht zurück zu Freud und beschäftigt sich mit seinem Beitrag zum Verständnis der Kunst und des Künstlers, und auch mit der Kritik, die seine Auffassung hervorgerufen hat. Sie wendet sich dem Thema der Beziehung zwischen Kunst, Träumen und Tagträumen zu, das sie mit Hilfe ihrer Arbeit über die

Symbolbildung nun vertiefen kann. Lebendig und überzeugend diskutiert sie die Beziehung zwischen echter Kunst und der Fähigkeit des Künstlers, sich mit Schmerz, Häßlichkeit und Tod zu konfrontieren und auseinanderzusetzen – die Beziehung also zwischen Kunst und der depressiven Position. Sie schließt den Kreis ihrer Überlegungen, indem sie sich dem Sinn für die Realität zuwendet, der ihrer Überzeugung nach beim Künstler hochentwickelt sein muß, im Gegensatz zu den Werken des Tagträumers und des „gescheiterten" Künstlers. Und von hier aus stellt sie folgerichtig weitere Überlegungen an zu Ähnlichkeiten, Unterschieden und Zusammenhängen zwischen Tagträumen, Spiel, Kunst und kreativem Denken.

Ich habe versucht, etwas von der Bewegung und der inneren Logik dieses Buches aufzuzeigen, das in klinischer Erfahrung wurzelt, die ihre theoretischen Überlegungen nicht nur illustriert, sondern auch deren Grundlage bildet. Es ist also weder ein theoretisches noch ein klinisches noch ein Buch der angewandten Wissenschaften. Die verschiedenen Aspekte hängen ihrem Wesen nach miteinander zusammen, und gerade dies ist einer der Gründe, die Hanna Segal nicht nur zu einer sehr bedeutenden Denkerin und Autorin, sondern auch zu einer sehr begehrten Lehrerin machen. Ihre Schriften und Vorlesungen haben die Psychoanalyse und den Beitrag Melanie Kleins zu ihr erheblich bereichert, und sie haben sie auch einem größeren Publikum zugänglich gemacht – nicht nur wegen der Klarheit ihrer Schriften und ihrer anregenden Intelligenz, sondern auch wegen der Tiefe und Vielfalt ihrer Interessen.

Betty Joseph, 1990

Dank

Folgenden Personen gilt meine Dankbarkeit: Meinen Patienten, deren Arbeit in ihrer Analyse die meine ermöglicht hat; meinem Mann, wie immer, für seine unermüdliche Unterstützung und seine hilfreiche Kritik; Betty Joseph und Elizabeth Spillius, die das gesamte Manuskript gelesen haben und bei manchen Kapiteln mehrere Entwürfe, und deren Anmerkungen mir von unschätzbarem Wert waren; Riccardo Steiner für seine Hilfe bei den ersten beiden Kapiteln und dafür, daß er mich mit der Bedeutung einiger Freudscher Formulierungen im Deutschen vertraut gemacht hat, die in der englischen Übersetzung nicht ganz vermittelt werden; Richard Holmes für die Erlaubnis, aus seinem Buch „Footsteps" zu zitieren; und schließlich Ann Jameson und ihrem Computer, die mir miteinander ausgezeichnete Schreibdienste geleistet und die Quellenangaben zusammengestellt und überprüft haben; und Albert Dickson für das Verfassen des Stichwortverzeichnisses.

Einführung

Als ich in jungen Jahren zum ersten Mal Freud las, fand ich es sehr aufregend zu entdecken, daß die Psychoanalyse sich mit allen Bereichen menschlichen Strebens beschäftigt und ein Licht sowohl auf pathologische Phänomene wie auf große Leistungen werfen kann; daß das Analysieren zugleich den Wunsch nach therapeutischem Wirken und das Interesse an der menschlichen Natur befriedigen kann.

Zu Beginn meiner praktischen Arbeit hatte ich das Glück, sowohl Künstler als auch Psychotiker unter meinen Patienten zu haben. Diese beiden Arten von Patienten lenken die Aufmerksamkeit auf die zentrale Bedeutung der Symbolisierung und ihrer Schicksale. Ich entdeckte – und entdecke das immer wieder –, daß die Psychoanalyse ein einzigartiges Instrument ist, sie zu erforschen.

Seit damals habe ich eine Reihe von Arbeiten über Phantasie, Traum, Symbolbildung und Kunst geschrieben. Ich habe zu diesen Themen auch Vorträge in unterschiedlichem Rahmen und vor unterschiedlichem Publikum und auf unterschiedlichen Ebenen gehalten. Die Herausgeber dieser Reihe meinten, der Versuch würde sich lohnen, meine Gedanken zu diesen Themen zusammenzufassen. Ich bin ihnen dankbar, daß sie mich angeregt haben, diesen Versuch mit dem vorliegenden Buch zu unternehmen. Dabei bestimmte die Vorstellung, die ich von diesem Buch hatte, die Art meines Umgangs mit den Gedanken anderer Autoren. Ich versuche, die Entwicklung meines Denkens zu zeigen, ohne andere Sichtweisen zu diskutieren oder mich auf Kontroversen einzulassen. Ich beziehe nur solche Arbeiten ein, die meine Probleme zu der Zeit erhellten, als ich mich mit ihnen auseinandersetzte. So zitiere ich z. B. im Kapitel über Kunst ausführlich Rodin und andere Künstler. Aber von den Kunstkritikern und Autoren, die über Ästhetik geschrieben haben, beziehe ich mich nur auf Bell und Fry, weil ich deren Ansichten über Ästhetik erhellend und ihre Kritik an psychoanalytischen Autoren in diesem Bereich zum Teil relevant fand. Unter den psychoanalytischen Autoren erhielt ich meine Inspiration natürlich hauptsächlich von Freud und Klein. Später hat Bion erheblich zu meinem eigenen Verständnis der Symbolbildung und der Denkprozesse beigetragen. Abgesehen von diesen Autoren nenne ich nur wenige, die mich zu verschiedenen Zeiten beeinflußt haben. Ein technisches Problem hat mich beschäftigt, nämlich, wie ich für Psychoanalytiker interessant genug und dennoch auch für andere Leser verständlich schreiben könne.

Die Kapitel 1 bis 5 beginnen einfach, sie geben Freuds und Kleins grundlegende Gedanken wieder; sie werden dann in dem Maße komplexer, in dem ich mich tiefer und detaillierter in psychotische Symbolbildungs- und Denkprozesse hineinbegebe. Die Kapitel 6 und 7 über Kunst und 8 über Tagtraum, Vorstellungsvermögen und Spiel werden dem allgemein interessierten Leser wieder leichter zugänglich sein, obwohl hoffentlich auch für Psychoanalytiker nicht uninteressant.

Dies ist kein Buch über Technik, obwohl einige Anmerkungen zur Technik nicht zu vermeiden sind. Aber wenn ich im Text eine Traum-„Deutung" gebe, so gibt sie nicht unbedingt das wieder, was ich dem Patienten damals wirklich gesagt habe. Ich benutze den Traum, um die inneren Prozesse, die ich beschreibe, und mein Verständnis von ihnen zu illustrieren. Manchmal zitiere ich eine Deutung, die ich in der Stunde tatsächlich gegeben habe, weil bestimmte Prozesse nur durch das Wechselspiel zwischen Analytiker und Patient, wie es wirklich stattgefunden hat, illustriert werden können.

1
Der Königsweg

In der *Neuen Folge der Vorlesungen* sagt Freud über seine Traumtheorie:

> Diese nimmt in der Geschichte der Psychoanalyse eine besondere
> Stelle ein, bezeichnet einen Wendepunkt; mit ihr hat die Analyse den
> Schritt von einem psychotherapeutischen Verfahren zu einer Tiefen-
> psychologie vollzogen.   (Freud 1933, GW XV, S. 6)

Das ist nicht verwunderlich. Freuds Studien der Neurosen enthüllten ihm die
Wichtigkeit und die psychische Bedeutung von Symptomen. Es war das Studium
der Träume – eines universellen Phänomens –, das das Verständnis für das umfas-
sende Gebiet der Traumgedanken und der Traumsprache eröffnete, das weit über
das Verständnis des eigentlichen Nachttraumes hinausgeht. Freud erkannte die
Analyse der Träume als den Königsweg zum Unbewußten.

Im Unterschied zu vielen anderen seiner Theorien veränderte Freud seine
Traumtheorie nur geringfügig. Er formulierte sie zum ersten Mal vollständig in
der *Traumdeutung* (1900), die er als sein wichtigstes Werk ansah.

Freud betrachtet Träume als Wächter des Schlafes. Wie wir wissen, kann der
Schlaf durch äußere Reize wie laute Geräusche gestört werden. Um den Schlaf
zu schützen, kann der Schläfer einen Traum erzeugen, der das Geräusch aufnimmt
und es sozusagen weg-erklärt. Das geschieht selten. Häufiger wird unser Schlaf
durch innere Reize gestört. Unerfüllte Wünsche und Sehnsüchte, ungelöste Konflikte verursachen innere Spannungen, die unseren Schlaf beeinträchtigen können.
Im Schlaf ist unsere Beziehung zur Realität vorübergehend aufgehoben. Die
Verdrängung wird teilweise gelockert, und es findet eine Regression statt, so daß
archaische unbewußte Wünsche nach Ausdruck drängen. Motorische Beweglich-
keit und Handeln sind ausgesetzt, und unterdrückte Wünsche streben nach Ausdruck „in ein(em) unschädliche(n) halluzinatorische(n) Erlebnis" (Freud 1933,
GW XV, S. 17). Die Umgangssprache enthält das Wissen um den wunscherfüllenden Aspekt von Träumen, indem sie den Begriff Traum sowohl für den Tagtraum (eine Wunscherfüllungs-Phantasie) wie für den Traum während des Schlafes
benutzt. Aber zwischen den beiden gibt es einen grundlegenden Unterschied.
Der Tagtraum drückt bewußte Wünsche aus – geordnet, rationalisiert, für unser

Wachbewußtsein annehmbar. Im Gegensatz dazu geht es im nächtlichen Traum gerade um die Wünsche, die unterdrückt worden sind und die unser Seelenleben belasten, die nach Erfüllung streben. Freud war damals der Ansicht, daß Träume vorwiegend sexueller Natur seien (wenn auch, entgegen landläufiger Meinung, niemals ausschließlich). In seinen *Bekenntnissen* beklagt sich Augustinus bitterlich, daß Gott es zulasse, daß er von sexuellen Träumen gequält werde. Er sagt, es wäre so leicht für Gott, das anders einzurichten. Wäre der Heilige Augustinus mit der Psychoanalyse vertraut gewesen, so hätte er gewußt, daß dies nicht so einfach wäre. Man kann die Bedeutung der unterdrückten Sexualität in Träumen kaum überschätzen, obwohl Freud anfangs die ebensogroße Bedeutung der unterdrückten Aggression unterschätzt haben mag. Wünsche, die mächtig genug und dynamisch genug und dennoch auch genügend verdrängt sind, um eher im Traum als in der Realität nach Ausdruck zu verlangen, haben ihre Wurzeln ausnahmslos in infantilen Konflikten, die in der Kindheit verdrängt wurden, aber ständig im Unbewußten aktiv geblieben sind. „Träumen ist ein Stück des überwundenen Kinderseelenlebens" (Freud 1900, GW II/III, S. 573). Nur infantile Wünsche haben die Macht, Kräfte zu mobilisieren, die den Traum erzeugen:

> Diese immer regen, sozusagen unsterblichen Wünsche unseres Unbewußten, welche an die Titanen der Sage erinnern, auf denen seit Urzeiten die schweren Gebirgsmassen lasten, die einst von den siegreichen Göttern auf sie gewälzt wurden und die unter den Zuckungen ihrer Glieder noch jetzt von Zeit zu Zeit erbeben ...
>
> (Freud 1900, GW II/III, S. 559)

Normalerweise ist der Traum mit einem Ereignis verknüpft, das sich am Tage zugetragen hat. Freud nannte dieses Ereignis einen „Tagesrest". Es kann sich dabei um ein so wichtiges Ereignis handeln, daß es verständlich ist, daß es den Traum beeinflußt. Aber ob er nun wichtig oder trivial ist, der Tagesrest ist ein Ereignis, das sich auf irgendeine Weise mit einem tieferen unbewußten Konflikt verknüpft und ihn repräsentiert. In mancher Hinsicht ähnelt der Tagesrest, der den Traum auslöst, einem Ereignis, das den Ausbruch einer Neurose oder eines bestimmten neurotischen Symptoms ausgelöst haben könnte. Die Nichterfüllung tiefsitzender Wünsche löst innere Spannungen aus. Ihre Erfüllung dagegen würde Angst und Schuld bewirken. Es gibt gute Gründe, weshalb diese Wünsche zunächst unterdrückt wurden. Freuds grundlegende Arbeit über Träume entstand, bevor er sein

Konzept vom Über-Ich entwickelte. Die unterdrückende Instanz, die die Erfüllung von Wünschen verbietet, die dem Bewußtsein unannehmbar erscheinen, nennt er den Zensor oder die Zensur; der Konflikt besteht nach seiner Darstellung zwischen den unbewußten Wünschen, die im Traum nach Ausdruck und Erfüllung streben, und der Zensur, die eine solche Erfüllung verbietet. Das Ich verschwindet im Schlaf nicht. Es muß sich sowohl vor dem Druck schützen, der von den unerfüllten Wünschen ausgeht, als auch vor Angst und Schuld, die ihre Erfüllung begleiten würden. Freud versteht Träume als Ergebnis eines Kompromisses zwischen verdrängten und verdrängenden Kräften – als Möglichkeit, die Traumzensur zu umgehen.

Das, was einen Traum hervorbringt, bezeichnet Freud als Traumarbeit. Die Traumarbeit verwandelt die latenten Traumgedanken, die selbst im Schlaf für das Ich unannehmbar sind, in scheinbar unschuldige manifeste Trauminhalte. Die Traumarbeit ist Freuds erste Darstellung eines umfassenderen Konzepts, das in meinen Augen grundlegend für das Verständnis der Psychoanalyse ist, nämlich der psychischen Arbeit.

Die psychische Traumarbeit hat das Ziel, unannehmbare und konflikthafte Wünsche zu erfüllen, indem sie sie verkleidet, und sie entwickelt eine besondere Art des Ausdrucks – die Traumsprache. Diese wird mit Hilfe von Mechanismen wie Verdichtung, Verschiebung, unterschiedlichen Arten indirekter Darstellung und Symbolisierung entwickelt. Solche Mechanismen nennt Freud manchmal „Agenten", manchmal „Werkmeister" und weist damit noch einmal auf die psychischen Kräfte hin, die einen Traum erschaffen.

Es gibt zweierlei Arten von Verschiebung. Eine ist die Verschiebung psychischer Gewichtungen. Der manifeste Traum legt die Betonung etwa auf eine dramatische und offenbar wichtige Situation, während ein unbedeutendes Detail den entscheidenden latenten Traumgedanken enthält. Einer meiner Patienten zum Beispiel konnte infolge einer Verkettung von Umständen einen Blick in ein Zimmer meines Hauses werfen und sah ein Bild, auf dem er Venedig zu erkennen glaubte. In der folgenden Nacht hatte er einen langen Traum, in dem *er mit einem Mädchen über einen Platz ging, der ihn an Venedig erinnerte.* Dieser Teil des Traumes löste eine ganze Reihe von Assoziationen aus, die ohne großen Widerstand kamen und mit früheren Flirts mit Mädchen zu tun hatten, mit Phantasien über mich und meine Ferien und mit der Phantasie, mir in den Ferien zu begegnen. Aber es gab ein Detail im Traum, zu dem er keinen spontanen Einfall äußerte und das im Traum selber keine sichtbare emotionale Bedeutung hatte, im Gegensatz zu der Szene mit dem Mädchen, die so viele Erinnerungen hervorgerufen hatte. Irgendwo im Hintergrund bei seiner Wanderung im Traum stand an der Küste ein Betongebäude. Ich fragte ihn, woran ihn dieses Detail denken lasse. Jetzt waren seine Assoziationen sehr viel weniger angenehm. Er sagte, er habe am Lido von Venedig einmal Reste deutscher Militäreinrichtungen gesehen. Von da aus führten ihn seine Assoziationen zu deutschen Konzentrationslagern und der Judenvernichtung. Hier fiel ihm wieder ein, daß er einen Blick in mein Zimmer geworfen und den Druck und ein paar Bücher gesehen hatte, und er sagte, er habe den Gedanken gehabt, „in einem jüdischen Haushalt gefangen zu sein". Er verbindet Jüdisch-Sein mit intellektuellen und künstlerischen Interessen, und seine Gefühle über das Jüdische sind ambivalent. In seinem Unbewußten gab es einen beträchtlichen Antisemitismus, den er bewußt eher ablehnt. Es war also das unwichtige Detail in seinem Traum, das all seine unterdrückte Feindseligkeit und seine grausamen unbewußten Wünsche enthielt, seinen für ihn so unannehmbaren Antisemitismus, der durch den Gedanken an mein Familienleben und an die Ferien, die ich in seiner Vorstellung hatte, mobilisiert wurde. Aber im Traum ist das verschoben und zu einem kleinen Detail verdichtet und wird in den Einfällen übergangen; das Gewicht wird auf die harmloseren Teile des Traums verschoben. Unbewußt hatte er den Wunsch, mein Mann und ich würden in einem deutschen Konzentrationslager umkommen.

Eine weitere Art der Verschiebung besteht darin, Gefühle und Phantasien, die zu einer Situation gehören, auf eine andere zu verschieben. Ein Patient träumte von *einem heftigen Streit mit einem Mann, gegen den er nichts hatte.* Aber im Hintergrund *war ein zweiter Mann zu sehen, der durch eine Ähnlichkeit der Namen eine lose Verbindung mit dem ersten hatte.* Über diesen zweiten Mann hatte er viele feindselige Gedanken, hätte sich aber schuldig gefühlt, wenn er sie ausgesprochen hätte, weil er diesem Mann sehr verpflichtet war. Eine unvollständige Verschiebung dieser Art zeigt der folgende Traum:

Ein Mann träumte, daß *er sah, wie ein kleines Küken geviertelt wurde, und er hörte, daß es verzweifelt schrie – wie ein Baby oder ein kleines Kind. Nach einiger Zeit merkte er, daß der Ton nicht von dem Küken kam, sondern von einem kleinen Kind in der Nähe.* In seinem Traum verschiebt er den phantasierten Angriff, den er seinem kleinen Bruder zufügen möchte, auf das Küken, aber die Verschiebung gelingt nicht ganz. Das Schreien kam von einem kleinen Jungen, und der Träumer erwachte voller Angst.

Diese Art der Verschiebung läßt sich auch als indirekte Darstellung verstehen: Ein Mann repräsentiert einen anderen, das Küken repräsentiert einen Bruder.

18

Verdichtungen gibt es in jedem Traum. Wie kurz er auch sein mag, die in ihm enthaltenen latenten Gedanken sind weitreichend, und viele – oft widersprüchliche – Gedanken und Wünsche sind in ihm als ganzem oder in seinen verschiedenen Elementen enthalten. Dies ist einer der Gründe, weshalb es so schwierig ist, einen vollständigen Bericht von der Analyse eines Traumes zu geben; tatsächlich kann ein Traum in einer einzigen Sitzung niemals vollständig analysiert werden. In der nächsten Sitzung bringt der Patient neue Einfälle und neue Träume, lange bevor sich die Analyse des ersten erschöpft hat – wenn das überhaupt jemals möglich ist.

Ein interessantes Beispiel für die Verdichtung zeigte mir der Wiederholungstraum des Patienten O., der an einem Magengeschwür litt. Er hatte diesen Traum, der fast ein Alptraum war, immer wieder einmal, seit er sich erinnern konnte. Schon als sehr kleines Kind, so erinnert er sich, wachte er aus diesem Traum in Panik auf. In diesem Traum *ist er in halbliegender Stellung von oben bis unten an einen Stuhl angebunden. er wird von allen Seiten von länglichen Tieren bedroht, die krokodilartige Mäuler haben.*

In der Analyse tauchte dieser Traum zum ersten Mal im Zusammenhang mit Kastrationsängsten auf, die mit der Vorstellung verbunden waren, daß als Strafe für sein Masturbieren sein Penis abgebissen oder abgehackt werde. Er ist dabei an einen Stuhl gebunden, damit sich seine Hände nicht bewegen können. Ein weiteres Mal tauchte er im Zusammenhang mit der Phantasie auf, ich sei schwanger; die Angst kam von seinen mit dieser Phantasie verknüpften Angriffen auf mein Körperinneres und die Babys darin. Die länglichen Figuren mit den Krokodilmäulern bedeuteten die gefährlichen Babys in der Mutter. Der Traum tauchte immer wieder in verschiedenen Zusammenhängen auf. Eines Tages horchte ich auf, als er beschrieb, wie er sich auf bestimmte Weise an seinen Stuhl gewickelt fühlte und selbst diese längliche Gestalt war. Ich fragte ihn, ob er als Baby je fest in Tücher gewickelt worden sei, und er erzählte mir, er sei bis zum Alter von drei oder vier Monaten von oben bis unten vollständig eingewickelt worden. Er erzählte mir auch, er habe damals offenbar an schweren Darmkoliken gelitten (so hatte die Diagnose gelautet). Dies ließ mich vermuten, daß die Tiere, die ihn angriffen, diese riesigen, wütenden, hungrigen Münder, eine Projektion seines eigenen Körperbildes darstellten, das er als gefesselt und hungrig wahrnahm und wegen des Hungers als mit einem riesigen Maul versehen. Vermutlich hatte das Einwickeln die massive projektive Identifizierung seiner Selbstwahrnehmung intensiviert, weil es ihm jede Art von motorischer Abfuhr unmöglich machte.

Nachdem wir den Traum in dieser Weise durchgearbeitet hatten, tauchte er nicht wieder auf. Die Form des Traumes erschien als Verdichtung seiner Erfahrungen auf vielen verschiedenen Ebenen. In dieser Verdichtung wird auch deutlich, wie die frühesten primitiven Phantasien spätere Phantasien und Ängste gefärbt und sich in ihnen ausgedrückt hatten. Mein Verständnis dieses Traumes geht natürlich nicht nur auf Freuds Konzept der Verdichtung und Verschiebung zurück, sondern auch auf meine eigenen Erfahrungen und auf spätere theoretische Entwicklungen. So habe ich beispielsweise das Konzept der projektiven Identifizierung benutzt, um zu verstehen, wie unbewußte Phantasien im Traum ausgedrückt wurden; und ich habe die Verdichtung in diesem Traum als eine Entwicklung von ursprünglich sehr primitiven oralen und konkreten psychosomatischen Phantasien hin zu einer späteren, symbolischeren Ausdrucksebene verstanden.

Eine komplexere Verdichtung soll durch das winzige Fragment eines viel längeren Traumes illustriert werden. In diesem Teil sah der Patient *seine Analytikerin in Begleitung eines kleinen behaarten Jungen oder Mannes, der ziemlich lächerlich aussah und sehr unterwürfig um die Analytikerin herumhüpfte.* Seine Einfälle führten zu einem anderen Analysanden von mir, der hübsches dunkles, kurzgeschnittenes Haar hat und nicht besonders groß ist. Der Patient hatte Grund, eifersüchtig auf diesen Mann zu sein, der beruflich weiter war als er. Er war dem Mann einen Tag zuvor begegnet und hatte in dem Moment ziemliche Verachtung für ihn empfunden. Dies ist der Tagesrest. Er erinnerte sich auch, daß er gedacht hatte, mein Mann sehe wie ein Gorilla aus, und daß sein eigener Vater eine ziemlich behaarte Brust hatte. In meiner Straße begegnet er häufig einem langhaarigen Jugendlichen, den er für meinen Sohn hält und als „ziemlichen Ganoven" empfindet. Diesen Jungen hat er auch in der Nähe der Tavistock-Clinic gesehen und hat sich gefragt, ob er dort behandelt werde. Er dachte, ich müsse eine sehr schlechte Mutter sein, die ihre Kinder so vernachlässige, daß sie behandelt werden müßten. Zu der unterwürfigen Haltung fiel ihm ein, daß das mit seiner eigenen Pünktlichkeit zu tun habe, mit der er zu den Stunden komme, und mit seiner jämmerlichen Abhängigkeit; das ist ein Gefühl, das er haßt.

Aber der kleine Mann im Traum sah gar nicht richtig wie ein Mensch aus. Der Patient hatte vor kurzem einen Film über einen Werwolf gesehen. Die Gestalt im Traum könnte also ganz gut ein Werwolf sein.

Bis zu diesem Punkt könnte man also sagen, die Figur im Traum repräsentiere einen Rivalen – meinen anderen Analysanden, meinen Mann und meinen Sohn. Sie alle sind zu einer Figur verdichtet. Vergangenheit und Gegenwart sind ebenfalls verdichtet. Mein Mann und mein Sohn, sein Vater und sein Bruder, sie alle sind in einer Person dargestellt. Aber in diesem Traumstück sind noch viele weitere Vorstellungen repräsentiert. Sein Vater und mein Mann stehen auch für ihn selber und werden verspottet, indem sie klein und lächerlich dargestellt werden. Auch die Angst vor dem so angegriffenen Rivalen ist deutlich – Werwölfe und Gorillas sind gefährlich –, aber er wehrt die Angst ab, indem er selbst klein und lächerlich gemacht wird. Außerdem geht es auch um meine Grausamkeit und Schlechtigkeit, die für die schlimme psychische Verfassung verantwortlich ist, in der sich nicht nur mein vermeintlicher Sohn, sondern auch er selber als mein Sohn befindet. Beide leiden sie darunter, daß sie von mir vernachlässigt werden, und ich werde für ihre Neurosen verantwortlich gemacht. Gegen Ende der Stunde tauchte eine weitere Assoziation auf, die einen noch unangenehmeren verdrängten Gedanken enthüllte.

Als er über Werwölfe sprach, sagte er: „Nach der Legende wird man ein Werwolf, wenn man von einem gebissen wird. Ich vermute, der Wolf steht jetzt vor der Tür." Er meinte die bevorstehenden Ferien. Es gibt also eine weitere Schicht in dem Traum. Wenn die Analytikerin, die nährende Mutter, weggeht, dann droht ihm Hunger, der sich wie ein beißender Wolf anfühlt – der Wolf ist vor der Tür. Dieser Wolfsbiß verwandelt ihn in einen Werwolf. Er mobilisiert die orale Gier und Aggression des Patienten, zu der noch heftige Eifersucht hinzukommt, und zwar denen gegenüber, die in seiner Vorstellung bei mir bleiben werden, nämlich mein Mann und mein Sohn. Im Traum geht er mit seinen Werwolf-Gefühlen um, indem er sie in seine Rivalen projiziert und dadurch zwei Fliegen mit einer Klappe schlägt: er wird seinen Schmerz und seine Schuldgefühle los und greift zugleich seine Rivalen an und macht sie schlecht. Die dadurch ausgelöste Verfolgungsangst vor seinen Rivalen, die jetzt in Werwölfe verwandelt sind, wird auf manische Weise abgewehrt, indem der Werwolf klein und lächerlich gemacht wird. (Er hat auch seine eigene Kleinheit und sein verhaßtes Gefühl von Abhängigkeit in sie projiziert, indem er sie als unterwürfig dargestellt hat.) Es wird also deutlich, wie ein einziges Bruchstück eines langen Traumes einen äußerst komplexen psychischen Prozeß verdichten und ausdrücken kann.

Was ist das Wesentliche an dem, was Freud so schön, wie ich finde, als „Traumgedanken" bezeichnet hat? Ich glaube, ursprünglich hat Freud einfach den verdrängten Wunsch im Sinn gehabt, der im Traum verhüllt wird. Aber Wünsche sind widersprüchlich und komplex, und ich glaube, der Traumgedanke ist mehr als ein einfacher Wunsch. Er besteht selber aus einer komplexen Organisation von

Wünschen und Abwehrmaßnahmen. Den Traumgedanken aus dem Traum meines Patienten könnte man folgendermaßen in Worte fassen: „Wenn sie weggeht, werde ich von Hunger gebissen. Sie ist also eine böse, beißende Person in meinem Bauch. Ich bin voller gieriger und beißender Gefühle. Das ist unerträglich. Ich werde sie in den Rivalen tun, der bei ihr ist. Aber dann kriege ich Angst vor dem Rivalen. Ich werde ihn klein und lächerlich machen", usw. Der Mechanismus der Verdichtung selber ist kein zufälliger. Der Traumgedanke, so wie ich ihn verstehe, ist ein Ausdruck unbewußter Phantasien, und unsere Traumwelt begleitet uns ständig.

In meinem Verständnis der Verdichtung unterscheide ich mich möglicherweise von Freud. Ich glaube nicht, daß er die Verdichtung unbedingt als eine zusammenhängende „Geschichte" sieht. Er versteht sie mehr im Sinn verschiedener Stränge, die möglicherweise von verschiedenen Impulsen und Gedankengängen stammen, die zusammenkommen und in einem verdichteten Element ausgedrückt werden.

Neben der Verdichtung und der Verschiebung gibt es weitere Methoden, um die latenten Traumgedanken zu verwandeln; z. B. gibt es die indirekte Darstellung. Sie läßt sich auf viele Arten erreichen: durch Ähnlichkeit, durch ein gemeinsames Merkmal, durch die Verwendung eines Teils für das Ganze, durch das Gegenteil, durch verbale Verknüpfung und viele, viele andere Weisen. Solche Darstellungen können, wenn sie verstehbar werden, sehr amüsant sein – wie Freud gezeigt hat, haben Witz und Humor ähnliche Züge wie die Traumarbeit. Als Teil eines langen Traums träumte eine Patientin von einer *Kolonne Soldaten „marching eight abreast"* (etwa: in Achterreihen marschieren). Verblüfft von diesem Traumteil fragte ich sie, was sie über ihn denke. Sie antwortete prompt: „Ate a breast, of course. (Aß eine Brust, natürlich). Was sollte es denn sonst bedeuten?"

Ein Traum des Patienten B., der eine manische Charakterstruktur hatte, zeigt ein komplexeres Beispiel für die Darstellung durch das Gegenteil bzw. durch Verkehrung. Die Mutter des Patienten starb während seiner frühen Adoleszenz, und er wehrte seine Trauer mit Hilfe schizoider und manischer Mechanismen ab, die seine Charakterstruktur sehr beeinträchtigten. Am Tag, der seinem Traum vorausging, hatten wir über einen ziemlich ernsten Autounfall gesprochen, den er während der Unterbrechung der Analyse gehabt hatte, und über seine Vorliebe für dicke und starke Autos im Vergleich zu den kleinen, die seine Frau mehr mochte und in denen er sich zu verletzbar fühlte. Er fühlt sich so verletzlich, daß er am liebsten in gepanzerten Autos oder Panzern reisen würde.

Am nächsten Tag holte ich ihn aus Versehen einige Minuten zu früh aus dem Wartezimmer. Er sagte, er sei sehr erfreut und fühle sich warm empfangen. Nach einiger Zeit gab er widerstrebend zu, daß sein erster Gedanke ein sehr ängstlicher gewesen sei: er hatte gedacht, ich hätte die Stunde mit dem vorigen Patienten vielleicht zu früh beendet, weil ich krank sei, und das hatte ihn sofort an eine Operation erinnert, die ich vor mehreren Jahren gehabt hatte, und dann hatte er an die gescheiterte Brustkrebsoperation seiner Mutter denken müssen.

Dann erzählte er mir einen Traum. *Er war in einer Art Laboratorium, in dem ein paar chemische Geräte standen. Neben ihm saß ein junger Mann, Bob. Er schob einen kleinen Kasten in Bobs Fach. Dann kommt eine schöne junge Frau und bringt einen Preis, nämlich 500 Pfund, vermutlich den Gewinn einer Tombola „wenn deine Nummer aufgerufen wird, gewinnst du." Sie nähert sich ihm und Bob gleichzeitig, und bis zur letzten Minute wissen sie nicht, wer von ihnen der Gewinner ist; beide fühlen sich an der Nase herumgeführt. dann gibt sie Bob den Preis. Der Patient empfindet keine Eifersucht; er ist großzügig, denn er ist sich sehr bewußt, wie reich er selber ist und wie arm Bob. aber Bob ist nicht nur arm; er ist auch weltfremd und naiv. Er möchte von dem Preisgeld gern eine Flasche Whisky für seine Frau kaufen, und er wendet sich an den Patienten und fragt ihn, ob er das machen kann und wie man so etwas anfängt. Der Patient gibt ihm hilfsbereit Anweisungen.*

Der erste Schwung von Einfällen begann damit, daß er mir erzählte, der Bob aus seinem Traum erinnere ihn sowohl an seinen Bruder als auch an seinen ältesten Sohn (seine Haltung Bob gegenüber ähnelt stark der seinem jüngeren Bruder gegenüber), und zwar sowohl als Kind als auch als jungen Mann, denn dieser Bruder sei ein Idealist und wurde ein armer Pfarrer, während der Patient eine Menge Geld machte. Der Traum erinnerte ihn daran, auf wie vielerlei Weise er sich um seinen kleinen Bruder gekümmert hatte – insbesondere nach dem Tod der Mutter, aber auch im späteren Leben, als der Patient den Familienbesitz verwaltete. Die Bereitwilligkeit, mit der er den Preis weggab, ließ ihn an seinen älteren Sohn denken, der gerade ein Familienfest gab; er, der Patient, habe in solch einer Situation das Gefühl, ihm seine Rolle als pater familias zu überlassen.

Zu der Summe von 500 Pfund fiel ihm nichts ein. Ich merkte an, jede Person im Traum sei jünger als er selber, aber er machte mich darauf aufmerksam, daß die junge Frau gut für seine Mutter stehen könne, die ja jung gestorben sei. Und dies führte ihn zu einem weiteren Strang von Einfällen. Er dachte daran, daß seine Tochter, um die er sich ständig Sorgen macht, jetzt in das Alter komme, in dem seine Mutter starb, und daß jetzt auch die Jahreszeit komme, in der sie gestorben war. Dies lenkte meine Aufmerksamkeit sofort auf die Bedeutung der Verkehrung in seinem Traum. Was ihn darin beschäftigte, war nicht seine *Glücksnummer*, sondern seine *Unglücksnummer*. Die Nummer seiner Mutter war vorzeitig aufgerufen worden, das war ein Unglück für ihn, und gerade vor kurzem hatte er sich Gedanken gemacht über seine Verletzlichkeit und seine Todesangst, die durch den Autounfall mobilisiert worden war. Daß sein Sohn erwachsen wurde, fühlte sich außerdem möglicherweise für ihn so an, als sei seine eigene Nummer bald an der Reihe.

Nachdem wir einmal auf die Bedeutung der Verkehrung aufmerksam geworden waren, konnten wir sehen, daß jedes Element des Traumes umgekehrt dargestellt war. Die Frau, die den Preis verleiht (seine Mutter), ist älter als er, nicht jünger; er fühlt sich nicht reich, sondern verarmt, und zwar in bezug auf zwei Situationen: zunächst, daß sein Bruder, auf den er extrem eifersüchtig war, geboren wurde und den Preis von der Mutter (den kleinen Kasten) erhielt; und später, als seine Mutter starb, wurde dieser jüngere Bruder vom Vater besonders liebevoll versorgt. Im Traum fühlt sich auch der Patient seinem Bruder gegenüber großzügig und wohlwollend, so wie er es gerne wäre, aber in seiner psychischen Realität war er ihm bitterböse wegen der Fürsorge, die er früh von seiner Mutter erhielt, und wegen der besonderen Aufmerksamkeit, die ihm vom Vater und der ganzen Familie nach dem Tod der Mutter zuteil wurde, während die Bedürfnisse meines Patienten völlig übergangen wurden und er sogar auf seinen Bruder aufpassen sollte. Außerdem machte er damals den Bruder für den Tod der Mutter verantwortlich, denn manche Leute führten ihren Brustkrebs darauf zurück, daß sein kleiner Bruder ihr als Baby in die Brust gebissen habe.

Nachdem wir die Erfahrung, die im Traum auf so ins Gegenteil verkehrte Weise enthalten war, bis dahin zusammengesetzt hatten, fiel ihm ein, daß er tatsächlich einen kleinen Kasten von seiner Mutter geerbt habe, daß er ihn aber nicht seinem Bruder gegeben habe. Danach erhielten wir einen Einfall zu den 500 Pfund. Er hatte eine Rechnung für die dringendsten Reparaturen seines Autos erhalten, das bei dem Unfall zu Bruch gegangen war. Außerdem fiel ihm ein, daß er seit mehr als einer Woche vergessen hatte, meine Rechnung zu bezahlen. Der Traum hatte also mit akuten Ängsten und dringenden Wiedergutmachungsbedürfnissen zu tun und – im Gegensatz zu der scheinbaren Großzügigkeit im Traum – mit einem Rest von Widerwillen, meine Rechnung oder die für die Reparatur des Autos zu bezahlen. Jedes Element des Traumes ist also umgedreht: Die Glücksnummer ist die Unglücksnummer, Wohlwollen und Großzügigkeit ersetzen Wut und Geiz. Die Glückstombola bedeutet in Wirklichkeit ein Wiedererleben des Todes seiner Mutter und seiner Angst um sich. Selbst die Whiskyflasche im Traum ist eine Art Verkehrung. An einer bestimmten Stelle machte ich die Bemerkung, daß Bobs Wunsch, seiner Frau eine Flasche Whisky zu kaufen, nachdem er den Preis von der Frau bekommen hatte, Bobs Wunsch meinen könnte, daß er das Gute, das er von der Brust bekommen hatte, nutzen wolle, um seiner Frau sexuell etwas Gutes zu geben. Aber der Patient korrigierte mich sofort, denn im Zusammenhang mit billigem Whisky fiel ihm ein Trinker ein, der mit seiner Tochter Inzest begangen und sich das Leben genommen hatte – eine sehr böse Sexualität also.

Ganz am Ende der Stunde wurde ihm plötzlich klar, daß das chemische Laboratorium mit den Geräten im Traum ihn daran erinnerte, daß er in der Zeit, als seine Mutter an Krebs starb, Stunden in einem kleinen Chemielabor verbracht hatte, das er für sich eingerichtet und in dem er sich vom Rest seiner Familie und seinen eigenen Gefühlen abgeschottet hatte.

Ich glaube, an diesem Traum können wir erkennen, wie komplex die Traumsprache ist. Man könnte sagen, daß in diesem Traum jedes Ding durch sein Gegenteil, durch seine Verkehrung dargestellt wird; zugleich aber verwandelt diese Art der Darstellung eine zutiefst traumatische Situation in eine wunscherfüllende. Man könnte die Verkehrungen im Traum als Verstellung verstehen; eine Auswirkung der Traumsprache besteht darin, eine belastende Erfahrung zu maskieren. Aber zugleich ist in der Traumsprache der unbewußte Wunsch verborgen, die schmerzhafte innere und äußere Realität in eine wunderbare Tombola zu verwandeln.

Jeder Träumer hat in seiner Traumsprache einen Lieblingsstil, und bereits dieser Stil enthüllt oft seine Persönlichkeit. „Le style c'est l'homme", sagte Buffon. Das trifft für Träume ebenso zu wie für die Kunst. Bereits der Stil des Traumes zeigt genauso wie der Stil einer Persönlichkeit die wesentlichen Verknüpfungen von Objektbeziehungen, Ängsten und Abwehrmechanismen, die die Persönlichkeit formen.

Diese verschiedenen Methoden, eine Vorstellung im Traum darzustellen, machen die Traumarbeit aus. Freud schließt Symbole von der Traumarbeit aus. Er betrachtete Symbole als universell und aus grauer Vorzeit stammend. Er sagt:

> Was heute symbolisch verbunden ist, war wahrscheinlich in Urzeiten durch begriffliche und sprachliche Identität vereint.
>
> (Freud 1900, GW II/III, S. 357)

An anderer Stelle sagt er, Symbole seien vorgegeben, nicht ein Ergebnis psychischer Arbeit, wie bei anderen Methoden indirekter Darstellung. Diese Auffassung der Symbolik ist implizit von Melanie Klein, explizit dann von mir in Frage gestellt worden; ich werde später darauf zurückkommen.

Der Prozeß der Analyse eines Traumes bedeutet, die Traumarbeit rückwärts zu vollziehen. Die Assoziationen zum Traum erweitern wieder, was verdichtet worden ist, rücken die Verschiebung zurecht, entziffern die indirekte Darstellung. Aber die Einfälle zu einem Traum sind nicht, wie manche Therapeuten meinen, der latente Inhalt selber. Sie sind nur ein Pfad, der zum latenten Inhalt hinführt, denn die Verdrängung wirkt weiter und manifestiert sich als Widerstand. Die klinische Erfahrung des Widerstandes war es sogar, von der Freud den Mechanismus der Verdrängung abgeleitet hat (Heimann 1950) – ein theoretisches Konzept also. Die Analyse eines Traumes vollzieht sich gegen Widerstände. Der Assoziationsfaden reißt ab oder nimmt Abwehrcharakter an, oder der Patient weigert sich, die Bedeutung zu sehen, die für den Analytiker offensichtlich ist. Die Deutung des Analytikers muß auf den Widerstand hinweisen und den latenten Inhalt aufzeigen. Wo die Arbeit des Patienten versagt, liefert die Deutung des Analytikers die fehlende Verbindung. Die psychische Arbeit, die Traumarbeit zu entziffern, ist bei der Analyse von Träumen entscheidend. Sie wird vom Patienten und vom Analytiker gemeinsam geleistet. Wir sollten uns daran erinnern, daß Freud nicht gesagt hat, Träume seien der Königsweg zum Unbewußten. Er hat gesagt, das Verständnis der Träume sei der Königsweg zum Unbewußten, und dies Verständnis muß mit Hilfe psychischer Arbeit gewonnen werden.

Es gibt einen weiteren Faktor, der die Traumgedanken verschleiert und der nach dem Erwachen aktiv wird, und zwar die Verzerrung beim Erinnern des Traumes im Wachzustand, die Freud sekundäre Bearbeitung nannte. Im Prozeß des Erinnerns verzerren wir den Traum. Manchmal kann in der Stunde diese bewußtere Verzerrung korrigiert werden, und es stellt sich eine unverfälschtere Erinnerung an den Traum ein. Diese sekundäre Bearbeitung stellt nach Freud eine Fortsetzung der Verdrängung der latenten Traumgedanken dar. Aber er erwähnt auch, wie unerträglich Unlogik, Chaos und Unordnung für unser Wachbewußtsein sind. Er zitiert Havelock Ellis:

> Wir können uns die Sache tatsächlich so denken, daß das Schlafbewußtsein zu sich sagt: Hier kommt unser Meister, das Wachbewußtsein, der ungeheuer viel Wert auf Vernunft, Logik u. dgl. legt.

Schnell! Faß' die Dinge an, bringe sie in Ordnung, jede Anordnung genügt – ehe er eintritt, um vom Schauplatze Besitz zu ergreifen.
(Freud 1900, GW II/III, S. 505 f.)

Ich bin nicht sicher, ob dieses Bedürfnis, zu rationalisieren und einen Sinn, eine Geschichte herzustellen, nicht dasselbe ist wie der Widerstand gegen latente unbewußte Traumgedanken. Es ist auch fraglich, was das „Erinnern" eines Traumes ist. Nachdem man die sekundäre Bearbeitung analysiert hat, ist man dem Traum, wie er unmittelbar beim Erwachen erinnert wurde, vielleicht nähergekommen. Aber im Lauf der Stunde tauchen vielleicht neue Elemente des Traumes auf. Was erinnert wurde, verändert sich vielleicht, wenn der Traum neue Aspekte und tiefere Schichten enthüllt. Der erinnerte Traum hat meiner Ansicht nach seine Wurzeln in einer unbewußten Phantasie, deren ganze Tiefe und Reichweite niemals erinnert werden können.

Freud hatte drei Arten von Träumen im Auge. Der erste ist der unverstellte Wunscherfüllungstraum, wie er für Kinder charakteristisch ist. Er erzählt den Traum eines kleines Mädchens, das sich mit Erdbeeren vollstopft, und den eines kleinen Jungen, dem seine Fleischmahlzeit vorenthalten worden war und der von einem Stück Fleisch träumte, das auf einmal ganz von allein aufgegessen war (GW II/III, S. 274f.). Seit wir aber gelernt haben, Kinder zu analysieren, haben wir, glaube ich, erhebliche Zweifel an der Unschuld solcher Träume. Die zweite Sorte sind Träume, die Traumarbeit erfordern und die heimliche Erfüllung unbewußter Wünsche enthalten, und auf diese Art von Träumen bezieht sich die Hauptarbeit Freuds. Die dritte Art sind die Träume, die der Wunscherfüllungstheorie zu widersprechen scheinen, nämlich Angstträume und Bestrafungsträume. Vor 1920 merkte Freud zu diesen Träumen an, wobei er sich zunächst auf Angstträume bezog, daß der Träumer einen Versuch mache, sich seine Wünsche in der Traumsprache zu erfüllen, daß dieser Versuch aber nicht immer erfolgreich sei. Wenn ein unverstellter ich-dystoner Wunsch durchbricht, reagiert das Ich mit Angst. In bezug auf die Bestrafungsträume erinnert Freud uns daran, daß Träume das Ergebnis verschiedener Kompromisse zwischen dem Zensor und den Triebwünschen seien; in den Bestrafungsträumen habe der Zensor die Oberhand.

Im Gegensatz zu seinen anderen Theorien veränderte Freud seine Traumtheorie kaum, um sie in Übereinstimmung mit seiner Theorie des psychischen Lebens zu bringen, die er, vor allem nach 1920, erheblich weiterentwickelt hatte. Seit *Jenseits des Lustprinzips* (1920) betrachtete er als grundlegenden psychischen

Konflikt den zwischen Lebens- und Todestrieb. Dies war seine endgültige Trieb-theorie. Dann entwickelte er seine Strukturtheorie – die er in den Begriffen Ich, Über-Ich und Es formulierte (Freud 1923). Er hatte seine Theorie der Angst und der Verdrängung revidiert (Freud 1926). Nachdem er anfangs die Vorstellung hatte, Angst sei eine Folge der Verdrängung, erkannte er später, daß es im Ge-genteil die Angst ist, die zur Verdrängung führt. Diese Entdeckung hatte damit zu tun, daß er das Ich, nicht das Über-Ich (den alten „Zensor") sowohl für die Verdrängung als auch für eine ganze Reihe weiterer Abwehrmechanismen ver-antwortlich machte. In der *Neuen Folge der Vorlesungen* (1933), im Kapitel „Die Revision der Traumtheorie", brachte er die Theorie teilweise tatsächlich auf den neuen Stand. So setzte er zum Beispiel das Über-Ich an die Stelle des Zensors, und er sprach davon, daß der Traum die Forderungen des Es und des Über-Ich miteinander versöhnen müsse. Da er dies nach *Das Ich und das Es* geschrieben hat, müßte es implizit bedeuten, daß das Über-Ich den Todestrieb enthält. Aber explizit bezieht Freud das Konzept vom Lebens- und Todestrieb nicht in die Revision seiner Traumtheorie ein. Bei den Angstträumen weist er besonders auf die Wiederholung traumatischer Ereignisse in ihnen hin, die zu einer traumati-schen Neurose geführt haben. Und, ähnlich wie bei anderen Angstträumen, in denen die Wunscherfüllungsfunktion der Träume mißlungen ist, erklärt er den sich wiederholenden traumatischen Angsttraum als Beispiel für das Scheitern der Traumarbeit bei ihrer Wunscherfüllungsaufgabe. In anderen Veröffentlichungen aber (z. B. in *Jenseits des Lustprinzips*) bezeichnet er solche Träume als eines der wichtigen Phänomene, die ihn zur Entwicklung seines Konzeptes vom Todes-trieb geführt haben. Aber in seiner Revision verfolgt er seinen Gedanken of-fensichtlich nicht weiter, daß die Arbeit des Traums nicht nur darauf gerichtet ist, den verbotenen Wunsch und das Über-Ich bzw. das Ich miteinander in Einklang zu bringen, sondern auch darauf, einen Kompromiß oder eine Lösung für widersprüchliche unbewußte Wünsche zu finden, für den Grundkonflikt zwischen Lebens- und Todestrieben.

Im Traum des Patienten B. habe ich die Wunscherfüllung durch die Verwand-lung des traumatischen Todes seiner Mutter in ein glückliches, wunderbares Er-eignis hervorgehoben. Das war allerdings nicht die ganze Bedeutung des Traums. Warum hatte er gerade diesen Traum zu diesem Zeitpunkt? Der Kontext war, daß bestimmte Ereignisse in der Übertragung eine besondere Eifersucht auf eine Bruderfigur mobilisiert hatten und Todeswünsche gegen mich und jenen Stell-vertreter seines Bruders auslösten. Sein Traum ist die Lösung seines Konflikts zwischen diesen Todeswünschen und seinen Wiedergutmachungswünschen, und zwar in Gestalt einer Wunschphantasie, in der er seine Mutter wieder lebendig macht, seinem Bruder hilft und ihm einen Preis verleiht usw., ohne dabei das Gefühl seiner enormen Überlegenheit dem letzteren gegenüber zu verlieren.

Freud entwickelte auch das Konzept des Durcharbeitens, bezog es jedoch nicht explizit auf die Traumarbeit als eine Möglichkeit, einen Konflikt durchzuarbeiten. Er spricht vom Traum als einer harmlosen Halluzination, einer „harmlosen Traum-Psychose" (Freud 1933, S. 16). Er meint auch, der Traum entspreche einer Psychose, die aber ausschließlich auf den Schlaf beschränkt sei. Dies scheint mir in mancher Hinsicht fragwürdig, denn genau die Art von psychischer Arbeit, die sich im Traum vollzieht, fehlt in der Psychose, nämlich die Beschäftigung mit einem Konflikt, die in meinen Augen dem Durcharbeiten entspricht. Freud sagt, Angstträume treten auf, wenn die Traumarbeit scheitert. Können wir heute mehr über das Scheitern des Ich bei der Aufgabe, die Traumarbeit durchzuführen, sagen?

Es ist immer wieder beeindruckend, welch enorme Aufgabe das Ich zu leisten hat, wenn es einen Traum erschafft. Es muß die Verdrängung angemessen durchführen, sie darf aber auch nicht zu stark sein. Es muß zu der psychischen Arbeit fähig sein, die für die Traumarbeit nötig ist, und ich werde zu zeigen versuchen, daß dies die Bildung von Symbolen einschließt. Was geschieht, wenn das Ich zu beschädigt ist, um all diese Funktionen zu erfüllen? Ich glaube, einige der späteren Arbeiten über die Entwicklung des Ich und seine Pathologie haben mehr Licht auf diese Probleme geworfen. Deshalb werde ich zunächst die Konzepte der unbewußten Phantasie und der Symbolbildung sowie die Unterschiede zwischen psychotischer und nicht-psychotischer Funktionsweise des Ich erörtern, bevor ich zu den Träumen zurückkehre.

2
Phantasie

Freuds Entdeckung, daß den hysterischen Symptomen unbewußte Gedanken zugrunde liegen, bedeutet eigentlich die Entdeckung der unbewußten Phantasie. Er zeigte, daß Konflikte, Triebe und Abwehrvorgänge in einer unbewußten Phantasie ausgedrückt und enthalten sind, wie z. B. der Phantasie der Fellatio in Doras globus hystericus. Zunächst betrachtete er Phantasien überwiegend als Abwehr von Erinnerungen: Phantasien seien psychische Fassaden, die errichtet werden, um den Weg zu diesen Erinnerungen zu verstellen (Freud 1950/1897/: Brief an Fliess). Er verwarf dann jedoch seine Verführungstheorie und gelangte statt dessen zu der Ansicht, Verführungsszenen, die scheinbar erinnert oder aus der Verdrängung entlassen und für wahr gehalten wurden, seien fast immer eine Wunscherfüllungsphantasie des Kindes. Damit räumte er der Phantasie einen wichtigen Platz ein: „... nicht an den Erinnerungen selbst, sondern an den auf Grund der Erinnerungen aufgebauten Phantasien hängen erst die hysterischen Symptome" (Freud 1900, GW II/III, S. 495f.).

In einem Brief an Fliess (21. September 1897) berichtet Freud, seine Entdeckung habe ihm bewußt gemacht, daß Phantasien so real und bedeutsam seien wie irgendeine äußere Realität. Danach bezeichnete er Phantasien manchmal als die psychische Realität (Freud 1914, GW X, S. 56; 1925, GW IV, S. 60).

Im Unterschied zu seiner Traumtheorie entwickelte Freud nie eine vollständige Theorie der unbewußten Phantasien. Er widmete diesem Thema niemals ein Buch oder auch nur einen Artikel, trotz der Bedeutung, die dieses Konzept in seinem Werk einnimmt.

Für Freud liegen Phantasieren und Tagträumen wohl ziemlich nah beieinander. Es ist eine Wunscherfüllung, die man sich vorstellt, wenn die äußere Realität frustrierend ist. Im Grunde besteht eine Phantasie aus einem unbewußten Wunsch, der mit Hilfe der Fähigkeit zu logischem Denken bearbeitet wird; auf diese Weise wird der Triebwunsch in verhüllter Form ausgedrückt und in der Phantasie erfüllt. Phantasien bleiben dem Lustprinzip unterworfen, aber sie werden mit Hilfe des „Sekundär-Prozesses" gestaltet – nämlich mit Hilfe der normalen, vernünftigen Logik, die für die Systeme Vorbewußt und Unbewußt charakteristisch ist. Freud versteht die Phantasie also als ein ziemlich spätes Phänomen, das erst auftritt, wenn das Realitätsprinzip und die Fähigkeit zu logischem

Denken sicher ausgebildet sind. Im Falle bewußter Phantasien, nämlich des Tagtraums, weiß man, daß sie nicht wahr sind. Wenn die Wunscherfüllungsphantasie dem Wachbewußtsein unannehmbar erscheint, wird sie verdrängt und so zu einer unbewußten Phantasie. In seiner klarsten Aussage darüber, nämlich in den „Formulierungen über die zwei Prinzipien des psychischen Geschehens", sagt er:

> Mit der Einsetzung des Realitätsprinzips wurde eine Art Denktätigkeit abgespalten, die von der Realitätsprüfung freigehalten und allein dem Lustprinzip unterworfen blieb. Es ist dies das Phantasieren, welches bereits mit dem Spielen der Kinder beginnt und später als Tag-Träumen die Anlehnung an reale Objekte aufgibt.
>
> (Freud 1911, GW VIII, S. 234)

Die Phantasien, die dem Wachbewußtsein unannehmbar erscheinen, werden in das System Unbewußt verdrängt, wo sie dem „Primärprozeß" unterworfen sind, also dem Lustprinzip, der Zeitlosigkeit und all den anderen Eigenschaften, die Freud dem System Unbewußt zuschrieb. Sind die Phantasien einmal in das System Unbewußt verdrängt worden, so weiß man nicht mehr, daß sie unwahr sind, und sie lassen sich nicht mehr von Erinnerungen unterscheiden. Im System Unbewußt vermehren sich Phantasien „im Dunkeln", wie er sagte.

Allerdings schien Freud unsicher, wie die Beziehung zwischen Trieb und Phantasie genau aussieht. Auf der einen Seite seien Phantasien dem Lust-Unlust-Prinzip unterworfen, was impliziert, daß sie von Trieben abgeleitet sind. Auf der anderen Seite spricht er häufig davon, daß an bestimmten Stellen Triebe sich an Phantasien anheften: „Jedes Streben erreicht bald die Form einer Erfüllungsvorstellung ..." (Freud 1916–17, GW XI, S. 387).

Es kann gut sein, daß Freuds Unsicherheit in bezug auf die genaue Beziehung zwischen Trieb und Phantasie und seine Tendenz, sie für eine Art verdrängten Tagtraum zu halten, für seine zögernde Haltung in bezug auf die Rolle der Phantasien in Träumen verantwortlich sind.

Im Kapitel 6 der *Traumdeutung* schreibt er:

> Gänzlich umgehen kann ich jedoch die „Phantasie" auch in diesem Zusammenhange nicht, da sie häufig voll in den Traum gelangt und noch häufiger deutlich durch ihn durchschimmert.
>
> (Freud 1900, GW II/III, S. 497f.)

Er sagt, Phantasien, die in den Traum gelangen, würden dann im allgemeinen genauso behandelt wie jeder andere Anteil des latenten Materials, wobei die Phantasie allerdings oft als ganze im Traum erkennbar bleibt. Bei der Beschreibung solcher Phantasien äußert er die Vermutung, daß sie verdrängt worden sein müssen, um im Traum aufzutauchen. (In diesem Zusammenhang scheint er zu meinen, es handele sich um bewußte Phantasien, die dann verdrängt worden seien.) Er spricht aber auch von primären Phantasien, die nie bewußt gewesen seien (und die er direkt mit Trieben in Verbindung bringt).

> Sie erscheinen mir wie fließend, besser zusammenhängend und dabei flüchtiger als andere Stücke desselben Traums; ich weiß, dies sind unbewußte Phantasien, die im Zusammenhange in den Traum gelangen, aber ich habe es nie erreicht, eine solche Phantasie zu fixieren.
>
> (Freud 1900, GW II/III, S. 497)

Er fragt:

> Woher rührt das Bedürfnis nach diesen Phantasien und das Material für sie? Über die Triebquellen kann wohl kein Zweifel sein, aber es ist zu erklären, daß jedes Mal die nämlichen Phantasien mit demselben Inhalt geschaffen werden.
>
> (Freud 1916–1917 GW XI, S. 386)

Seine Antwort lautet, sie wiederholten, was „in den Urzeiten der menschlichen Familie einmal Realität war" (Freud 1916–17, S. 371).

Entsprechend seiner Auffassung, die Phantasie sei ein relativ spätes Phänomen in der psychischen Entwicklung („sie beginnt mit dem Spielen der Kinder" – Freud 1911, GW VIII, S. 234), hält er Phantasien für hochorganisiert und meint, sie bezögen sich überwiegend auf ganze Objekte. Primitivere Phantasien kommen in seinen Erörterungen kaum vor. Primitivere Vorgänge auf präverbaler oder gar prävisueller, psychosomatischer Ebene sind in seinem Phantasie-Konzept nicht enthalten. Deshalb bringt er auch die frühe halluzinatorische Wunscherfüllung nicht mit Phantasien in Zusammenhang, sondern lediglich mit Erinnerungen.

Meist kommen unbewußte Phantasien bei Freud im Zusammenhang mit Pathologie vor, aber er ist sich auch sehr klar darüber, daß es nur ein „kurzer Schritt" ist von einer Phantasie, die ein Symptom auslöst, zu einer, die Anlaß zu künstlerischer Kreativität wird; in all seinen Arbeiten über Kunstwerke versteht er unbewußte Phantasien auch als Quelle der Sublimierung. Weil er sie aber als eine Art verdrängten Tagtraum ansieht, kann er nicht richtig verstehen, wie unbewußte Phantasien die Quelle kreativer Kunst sein können, und bei einigen seiner theoretischen Erörterungen über Kunst gerät er deshalb in Schwierigkeiten. Ich werde auf dieses Thema später zurückkommen.

Es ist, als habe Freud eine Tür zu einer faszinierenden, reichen, geheimnisvollen Welt geöffnet, aber selbst gar nicht das ganze Ausmaß seiner Entdeckung und ihrer Verknüpfungen mit seinen anderen wichtigen Entdeckungen erfaßt, zum Beispiel mit der Traumarbeit und der Traumsprache. Es war die Psychoanalyse von Kindern, die die Allgegenwart und die dynamische Kraft der unbewußten Phantasien enthüllte, und Melanie Klein verlieh dem Konzept seine volle Bedeutung. In ihrer Arbeit mit Kindern war sie von Anfang an davon beeindruckt, wie stark das Leben des Kindes von unbewußten Phantasien beherrscht wird. In einer ihrer frühesten Arbeiten, „Die Rolle der Schule für die libidinöse Entwicklung des Kindes" (1923), schreibt sie, daß in allen kindlichen Aktivitäten, nicht nur im Spiel, sondern auch in der Arbeit, unbewußte sexuelle Phantasien entfaltet werden. Sie beschäftigte sich damals noch hauptsächlich mit Phantasien, die zu neurotischen Symptomen führen, etwa zu Lernhemmungen; so berichtet sie von dem kleinen Mädchen, das keine Grammatik lernen konnte, weil das Zergliedern eines Satzes von ihm wie das Essen eines Hasen erlebt wurde, was wiederum mit unbewußten kannibalistischen Phantasien verknüpft war; oder von dem kleinen Jungen, der nicht dividieren konnte, weil das für ihn bedeutete, seine Mutter in Stücke zu schneiden, usw. Man bekommt aber außerdem den Eindruck von einem reichen unbewußten Phantasieleben, das die Beziehung des Kindes zur Schule und zu all seinen Aktivitäten bestimmt; es besteht nicht einfach nur aus pathologischen Gebilden, die seine Aktivitäten stören. In ihrem Sprechzimmer beobachtete sie, wie das Kind seine unbewußten Phantasien ausdrückte, und sie begriff, in welchem Ausmaß sie die Wahrnehmung des Kindes verzerren und sein Leben beherrschen können. Je jünger das Kind war, desto mehr wurde es von seinem unbewußten Phantasieleben bestimmt.

Die meisten Formulierungen Freuds vermitteln den Eindruck, er habe unbewußte Phantasien wie Inseln im Meer des Seelenlebens gesehen. Wenn man von Melanie Kleins Arbeit mit Kindern liest, bekommt man eine Ahnung von einer inneren Phantasiewelt, die wie ein riesiger Kontinent unter dem Meer erscheint, während die Inseln seine bewußten, äußeren, beobachtbaren Ausdrucksformen sind.

Als deutlich wurde, daß Kleins Ansichten über Phantasien das Konzept Freuds erweiterten und sich in mancher Hinsicht von ihm unterschieden, griff Susan Isaacs in ihrer Arbeit *The nature and function of phantasy* (1948) diese neue Interpretation seines Konzepts auf. Wie Freud gesagt hatte, sind Phantasien wie Träume Wunscherfüllungen; aber während er sie für relativ späte Erscheinungen in der Entwicklung hielt, entfalten sie ihre Aktivität nach Ansicht Melanie Kleins und Susan Isaacs von Anfang an. In der omnipotenten inneren Welt des Säuglings und Kindes werden die Wünsche zu Wunscherfüllungsphantasien, und solche Phantasien werden von Klein und Isaacs als unmittelbarer Ausdruck der Triebe und Impulse verstanden. Anders als Freud, der in einigen seiner Schriften die Ansicht vertritt, Triebe und Phantasien verknüpften sich nur an bestimmten Punkten, nimmt Melanie Klein ganz einfach an, Triebe seien von Beginn des Lebens an die Auslöser der Phantasien. Nicht erst an bestimmten Punkten „erreicht jedes Streben bald die Form einer Erfüllungsvorstellung" (Freud 1916–17, GW XI, S. 387), sondern solches Phantasieren gehört zu diesem Prozeß regelmäßig dazu.

Freud schwankte zwischen zwei Definitionen der Triebe. In einigen Arbeiten bezeichnete er sie als „psychische(n) Repräsentant(en) der aus dem Körperinnern stammenden, in die Seele gelangenden Reize" und als „Grenzbegriff zwischen Seelischem und Somatischem" (Freud 1915a, GW X, S. 214), als psychische Entsprechung organischer Kräfte. In seinen späteren Arbeiten aber spricht er häufiger davon, daß der Trieb selbst eine psychische Entsprechung habe. In *Das Unbewußte* sagt er:

> Ein Trieb kann nie Objekt des Bewußtseins werden, nur die Vorstellung, die ihn repräsentiert. Er kann aber auch im Unbewußten nicht anders als durch die Vorstellung repräsentiert sein (die er auch „psychische Repräsentanz" nennt – H. S.).
>
> (Freud 1915b, GW X, S. 275 f.)

Nach Freud hat ein Trieb eine Quelle, ein Ziel und ein Objekt. Nach Ansicht Melanie Kleins gehört zu der „Vorstellung", die die psychische Entsprechung des Triebes ist, die Phantasie von einem trieberfüllenden Objekt.

Die halluzinatorische Wunscherfüllung, die Freud postuliert hat, ist für Melanie

Klein und Susan Isaacs also Bestandteil einer primitiven Phantasie. Freud stellte sich die Frage, wie „es ... zu erklären (ist), daß jedesmal die nämlichen Phantasien mit demselben Inhalt geschaffen werden" (Freud 1916–1917, GW XI, S. 386). Wenn wir die Sichtweise von Melanie Klein und Susan Isaacs zugrundelegen, so besteht der Grund, warum solche Phantasien bei allen Menschen vorkommen, nicht darin, daß sie irgendwelche Ereignisse in vorgeschichtlicher Zeit wiederholen, sondern daß wir alle die gleiche Triebausstattung haben und die gleichen Möglichkeiten, uns mit ihr auseinanderzusetzen. Alle Phantasietätigkeit gehört zum Ich, und manche Unterschiede in den Ansichten über Phantasien haben mit unterschiedlichen Auffassungen in bezug auf das frühe Ich zu tun. Nach Melanie Kleins Ansicht existiert vom Beginn des Lebens an ein Ich, das in der Lage ist, Angst zu erleben, Objektbeziehungen sowohl in der Realität als auch in der Phantasie einzugehen und primitive Abwehrmechanismen einzusetzen. Im Unterschied zu Freud ist sie nicht der Meinung, Phantasien könnten erst gebildet werden, wenn der Säugling oder das Kind die Fähigkeit zu logischem Denken entwickelt hat. Wenn Phantasien von Anfang an wirksam sind, also bereits in den primitivsten Entwicklungsstadien, so bedeutet das, daß diese Phantasien zunächst körperlicher Natur sind: die halluzinierte Brust ist zunächst kein bildliches, sondern ein körperliches Erleben. Frühe Erfahrungen wie Hunger oder Befriedigung werden vom Säugling in Form von Objektbeziehungsphantasien erlebt und interpretiert. Susan Isaacs nimmt an, daß es hinter jeder phantasierten Introjektion eine frühere Phantasie von konkreter Einverleibung gibt. Befriedigung wird erlebt, als gäbe es im Innern ein bedürfnisbefriedigendes Objekt; Hunger wird als Verfolgung empfunden. Unsere Sprache drückt dies aus. Wir sprechen von „nagendem Hunger"; oder davon, wir seien „hungrig wie ein Wolf". Meine Lieblingsmetapher stammt aus dem Französischen: Hunger wird dort beschrieben, als esse man eine wütende Kuh („manger de la vache enragée"). Solche primitiven psychosomatischen Phantasien werden weiterentwickelt, wenn das Kind wächst und seine Realitätsprüfung zunimmt, aber am Grunde unserer Persönlichkeit bleiben sie erhalten und können auch bei der späteren Entwicklung eine treibende Kraft sein. Körperliche Erfahrungen werden als phantasierte Objektbeziehungen erlebt, wodurch sie emotionale Bedeutung erhalten. Wenn ein Baby Schmerzen hat, kann es das etwa so erleben, als ob es gehaßt werde. Andererseits aber sind die Phantasien auch so nah am Somatischen, daß sie die Körperfunktionen beeinflussen. Jeder weiß, daß ein emotional belastetes Baby oft Verdauungsprobleme oder andere Körpersymptome entwickelt. Das kann bis ins Erwachsenenalter anhalten, wie bei meinem Patienten O. (Kapitel 1), dessen unbewußte Phantasien zu einem Magengeschwür führten.

Nachdem Freud 1920 den Dualismus von Lebens- und Todestrieb eingeführt hatte, revidierte er weder seine Ansicht über die frühe halluzinatorische Wunscherfüllung noch über den primären Narzißmus. Es war Melanie Klein, die bei der Darstellung der Funktionsweise des frühen Ich das Konzept des Todestriebes am umfassendsten einsetzte. So betreffen in ihren Augen die frühen phantasierten Wunscherfüllungen nicht nur die halluzinierte oder phantasierte Befriedigung libidinöser Wünsche durch ein ideales Objekt, sondern auch all jene Wünsche, die vom Todestrieb stammen. Was Freud als Ablenkung des Todestriebes durch den Organismus auffaßte, verstand sie als Projektion des Todestriebes vom Ich in ein Objekt; dieses Objekt wird dadurch in der Phantasie zu einem zerstörten und zerstörerischen (Segal 1964).

Hier wird deutlich, daß nach ihrer Auffassung die Phantasien von Beginn an sowohl einen Wunscherfüllungs- als auch einen Abwehraspekt enthalten, denn Spaltung und Projektion, die Abwehrmechanismen darstellen, werden ebenfalls als Phantasien ausgedrückt, ganz so wie die Triebe.

Phantasien sind natürlich mit Abwehrmaßnahmen verknüpft. Allein, daß überhaupt phantasiert wird, bedeutet eine Abwehr gegen die schmerzhafte Realität. Freuds früheste Vorstellung war, Phantasien dienten der Abwehr von Erinnerungen, aber es wurde ihm bald deutlich, daß Phantasien gegen jede schmerzhafte Realität eingesetzt werden können. So erkennt er zwar, daß Phantasien eine Abwehrfunktion haben, stellt aber dennoch keine Verbindung zwischen Abwehrmechanismen und Phantasien her. Susan Isaacs knüpft eine feste Verbindung zwischen den Konzepten der Phantasien und der Abwehr. Ihrer Ansicht nach ist das Konzept der Abwehrmechanismen eine abstrakte und verallgemeinernde Beschreibung dessen, was eine Person in einem bestimmten Bereich ihrer Phantasien aktiv tut. Den Abwehrmechanismen, die wir beobachten und auf abstrakte Weise beschreiben, liegen detaillierte Phantasien darüber zugrunde, wie sie wirksam werden.

Ich möchte das an dem Fall eines kleinen, zweieinhalbjährigen Mädchens illustrieren, das große Schwierigkeiten mit dem Schlafen und der Verdauung hatte. Was sich als Aufspalten eines Objektes in eine gute und eine böse Gestalt bezeichnen ließe, sah bei ihm folgendermaßen aus:

Ihre letzte Stunde vor den Ferien war ausgefallen, weil sie Durchfall bekommen hatte. In ihrer ersten Stunde nach den Ferien war sie sehr beunruhigt und ängstlich wegen eines unscharfen Schattens an der Wand, den sie „die Dame an der Wand" nannte. Zu Beginn der Stunde sagte sie, sie habe keine Jacke mitgebracht, obwohl es draußen kalt sei, weil es im Zimmer so schön warm sei. Und sie schenkte ihrer Analytikerin ein warmes Lächeln. Als sie sich aber der Wand zuwandte und den Schatten sah, begann sie zu schreien: „Die Dame an der Wand! Sie ist garstig! Sie ist böse! Ich mag sie nicht! Sie beißt! Schmeiß sie in den Mülleimer!" Sie fühlte sich mit zwei Objekten im Zimmer konfrontiert: der Analytikerin aus Fleisch und Blut, die sie als warm und schützend empfand, und der höchst bedrohlichen Dame an der Wand. Die Analytikerin deutete, die „Dame an der Wand" sei die böse Analytikerin, die während der Ferien nicht da war; das Kind entspannte sich und begann die Wand mit fragenden Blicken zu mustern. Die Analytikerin erinnerte es daran, daß es selbst vor den Ferien die Wand bespritzt habe und die leichte Verfärbung dadurch entstanden sei. Sie erinnerte es auch an seinen Durchfall, der ihm die letzte Stunde weggenommen habe; und dies verknüpfte sie mit seiner Wut auf die Analytikerin und seinem Wunsch, sie mit Urin zu bespritzen und mit Kot vollzustopfen. Das, so glaube das Mädchen, habe die Analytikerin in ihrem Inneren in eine böse Dame verwandelt, wie die Dame an der Wand. Darauf entspannte sich das Kind noch mehr und begann frei zu spielen. Es schüttete Wasser in eine Tasse, nannte es „Milch für das Baby" und entwickelte ein kompliziertes Spiel, in dem das Baby die Milch zunächst zurückwies, weil sie „schmutzig" sei, sie dann schüttelte und mit großem Vergnügen austrank.

Dies Kind, das unter schweren Ernährungs- und Schlafschwierigkeiten litt und außerdem Verdauungsprobleme hatte, drückte meiner Ansicht nach sowohl positive und negative Impulse als auch Abwehrmaßnahmen wie Spaltung und Projektion aus. In ihrer Wut über die Unterbrechung phantasierte die Kleine, daß sie böse eigene Teile (beißenden Urin, Kot) in die Brust der Analytikerin tat, was zur Folge hatte, daß diese in ein sehr böses Objekt verwandelt wurde. Aber sie liebte und brauchte ihre Analytikerin auch als gute Analytikerin und wollte sie so in ihrem Inneren erhalten. Deshalb spaltete sie die Schlechtigkeit vom Bild der Analytikerin ab und projizierte sie in die beißende, schmutzige „Dame an der Wand". Die abstrakten Begriffe Spaltung, Idealisierung und Projektion waren also im Erleben des Kindes lebendige Phantasien, die zu einer Beinahe-Halluzination führten.

Das folgende Material einer erwachsenen Patientin zeigt ebenfalls die unbewußten Phantasien, die dem Abwehrmechanismus der Spaltung zugrunde liegen.

Die folgenden beiden Träume erzählte die Patientin in der letzten Stunde vor meinen Ferien.[1] *Im ersten Traum war die Patientin in einem dunklen Zimmer, in dem zwei menschliche Gestalten nebeneinanderstanden; es waren noch andere, weniger klar zu erkennende Leute da. Die beiden Gestalten waren genau gleich, außer daß die eine grau und dunkel wirkte, während die andere erleuchtet war. Die Patientin war sicher, daß nur sie die erleuchtete Gestalt sehen konnte – daß sie für die anderen Leute im Traum unsichtbar war.*

Die Patientin machte ausgiebigen Gebrauch von den Mechanismen der Spaltung, Verleugnung und Idealisierung. Sie hatte just in dieser Woche Gelegenheit gehabt, mich in einem Raum voller Leute zu sehen, was eine ungewöhnliche Situation für sie war, und ihr Einfall zu dem Traum war, daß die beiden Gestalten mich repräsentierten. Die eine war die Person, die jeder in dem überfüllten Raum sehen konnte, die andere aber war „ihre Analytikerin", ihr besonderer Besitz. Sie hatte das Gefühl, die Ferien würden ihr ebensowenig ausmachen, wie sie nichts dagegen gehabt und keine Eifersucht empfunden hatte, als sie mich zusammen mit anderen Leuten gesehen hatte, denn sie hatte ja diese besondere Beziehung zu mir, die für immer ihr allein gehörte. Es ist deutlich, daß sie sich in diesem ersten Traum mit Hilfe von Spaltung und Idealisierung mit ihrer Eifersucht auseinandersetzt, die sowohl dadurch mobilisiert worden ist, daß sie mich mit anderen Leuten zusammen gesehen hat, als auch durch die bevorstehenden Analyseferien; ihr gehört die erleuchtete, idealisierte Analytikerin, die ihr niemand wegnehmen kann.

Im zweiten Traum träumte die Patientin, *daß ein kleines Mädchen auf dem Boden saß und mit einer Schere Papier ausschnitt. Die ausgeschnittenen Teile behielt es für sich; der Fußboden war bedeckt mit weggeworfenen Schnipseln, die von anderen Kindern eifrig aufgesammelt wurden.*

Der zweite Traum ist eine weitere Version des ersten, aber eine vollständigere: Er beschreibt, wie sich Spaltung und Idealisierung tatsächlich für sie anfühlten. Das Spalten wird durch das Schneiden ausgedrückt. Sie ist das kleine Mädchen, das die Figur aus ihrer Analytikerin ausgeschnitten hat, die – wie die erleuchtete Gestalt im ersten Traum – den guten Teil ihrer Analytikerin darstellt. Die Leute, die nur die graue Analytikerin-Gestalt sehen konnten, werden im zweiten Traum durch die Kinder dargestellt, die nichts als die weggeworfenen Schnipsel haben.

---

[1] Dieser Fall wurde in *Introduction to the Work of Melanie Klein* (Segal 1964) auf S. 18 beschrieben.

Die Spaltung, die im ersten Traum zu sehen ist, wird im zweiten eindeutig als Angriff erlebt, als ein wirkliches Auseinanderschneiden ihrer Analytikerin in einen idealen und einen wertlosen Teil; und was im ersten Traum als Idealisierung dargestellt ist, wird im zweiten Traum als Inbesitznehmen und Für-sich-Behalten der besten ausgeschnittenen Teile ihrer Analytikerin erlebt. Der zweite Traum verdeutlicht, daß von dieser Patientin der Prozeß des Spaltens und Idealisierens als sehr aggressive, gierige und schuldbeladene Handlung erlebt wurde.

Phantasien können der Abwehr von Realität dienen, aber sie können auch andere Phantasien abwehren. Zum Beispiel sind Phantasien von einem idealisierten Objekt und einem idealisierten Selbst ebenso als Wunscherfüllungsphantasie wie als Abwehr gegen die dahinterliegende Angst zu verstehen.

Eine Patientin hielt über lange Zeit zäh an einer sehr idealisierten und starren Beziehung zu mir fest. Aber diese Beziehung war sehr brüchig. Jede Enttäuschung und insbesondere jeder Hauch einer möglichen narzißtischen Verletzung führten zum Zusammenbruch dieser Phantasie, und sie erlebte dann Schwärze und Entsetzen. Allmählich kamen wir in Kontakt mit grauenvollen Phantasien, in denen sie auseinanderfiel, sich auflöste oder zum Opfer endloser Verfolgung wurde. Es wurde offensichtlich, daß sie die Idealisierung meiner Person aufrechterhalten mußte, weil sie überzeugt war, weder sie noch ich würden je in der Lage sein, die Intensität ihres Hasses, ihrer Angst und ihrer Verzweiflung zu ertragen.

In den Phantasien begegnen sich also Triebe und Abwehr; dies entspricht Freuds Auffassung vom Traum als Kompromißbildung zwischen Trieb und Abwehr. Melanie Klein allerdings versteht unbewußte Phantasien nicht so sehr als Kompromiß, sondern als Ausdruck sowohl von Impulsen wie von Abwehrvorgängen.

„Unbewußte Phantasien stellen das wirksame Bindeglied zwischen Trieben und Abwehrmechanismen dar" (Isaacs 1948, S. 112).

Es gilt jedoch, noch eine weitere Verbindung herzustellen, und zwar zwischen unbewußter Phantasie und Persönlichkeitsstruktur. Betrachtet man Freuds Strukturmodell, so ist das Über-Ich eine Struktur, die aus der Phantasie entsteht, ein Objekt introjiziert zu haben; die Natur dieses in der Phantasie ins Innere aufgenommenen Objekts wird nicht nur durch dessen Realität bestimmt, sondern auch durch die Projektionen der Impulse des Kindes. Solch eine in der Phantasie vorgenommene Projektion führt zur Erschaffung eines phantasierten inneren Objekts.

Wenn Phantasien von Beginn des Lebens an existieren, dann bilden Phantasien von Projektion und Introjektion die Grundlage für die Persönlichkeitsstruktur. Rosenfeld zeigt in seiner Arbeit *Bemerkungen zur Psychoanalyse des Über-Ich-Konflikts bei einem akut schizophrenen Patienten* (1952), wie der Patient in einer Stunde vorführte, daß er eine Phantasie von drei quälenden inneren Objekten hatte, die als frühes Über-Ich bezeichnet werden können. Es waren ein Wolf, eine braune und eine gelbe Kuh. Aus dieser und der vorangegangenen Stunde war klar, daß der Wolf das strafende Über-Ich darstellte, das sich gegen den oralen Sadismus des Patienten richtete. Die gelbe Kuh war das Über-Ich für seine mit dem Urinieren verknüpften neidischen und eifersüchtigen Angriffe, und die braune Kuh verstand Rosenfeld als die zerstörte, in Kot verwandelte Brust. (Ich vermute, sie bedeutete wahrscheinlich auch – ähnlich wie die gelbe Urin-Kuh – eine durch Projektion mit Kot gefüllte Brust.)

Die Phantasien, die einem sehr viel entwickelteren Über-Ich zugrunde liegen, werden durch den Traum eines neurotischen Patienten illustriert.[2] Dieser Traum illustrierte, was in seiner Analyse schon sehr früh deutlich wurde, nämlich die Beziehung zwischen unbewußter Phantasie, Realität, Abwehrmechanismen und Ich-Struktur. Der Patient war Offizier der polnischen Armee. Er hatte eine sehr starre Persönlichkeit. Er empfand seine vorgesetzten Offiziere häufig als arrogant; er selbst hatte jedoch ebenfalls ein sehr strenges Ehr- und Pflichtgefühl, von dem er sich tyrannisiert fühlte. Er war in Sorge, daß er mit den Matrosen zu streng war, mit deren Aufsässigkeit er sich häufig identifizierte. Sie stellten für ihn außerdem eine starke homosexuelle Versuchung und Schuld dar, denn als seine Untergebenen betrachtete er sie als die am strengsten verbotenen Objekte. Er träumte *von einer Pyramide. Den Boden dieser Pyramide bildete eine Horde rauher Matrosen, die ein schweres goldenes Buch auf ihren Köpfen trugen. Auf diesem Buch stand ein Marineoffizier, der denselben Dienstgrad hatte wie er, und auf dessen Schultern stand ein Admiral. Der Admiral, sagte er, schien auf seine Weise einen ähnlich großen Druck von oben auszuüben und ähnlich furchteinflößend zu sein wie der Haufen Matrosen, der die Basis der Pyramide bildete und Druck von unten nach oben ausübte.*

Ich war natürlich ziemlich mißtrauisch, ob dieser Traum nicht angelesen sei. Aber ich hatte gemerkt, daß der Patient nur sehr wenig von Psychoanalyse wußte. Später fand ich heraus, daß sein einziges Wissen darin bestand, daß Freud und Psychoanalyse irgend etwas mit Sex zu tun haben. In seinen Einfällen brachte er

---

[2] Dieser Fall wurde in *Introduction to the Work of Melanie Klein* (Segal 1964) auf S. 20 beschrieben.

den Admiral mit seinem Vater in Verbindung, der in der Realität ziemlich rigide und tyrannisch war, und die Matrosen verband er mit seinen eigenen aufsässigen und sexuellen Gefühlen. Er fügte hinzu, der Admiral sei im Traum genauso stark und beängstigend wie die Matrosen. Er versuchte, sich in der „goldenen Mitte" zu halten, und fühlte sich zwischen den beiden zerquetscht.

Dies verdeutlichte, daß die Strenge seines Über-Ichs auch auf seine eigenen Projektionen zurückzuführen war. Wir können hier die Wechselwirkung zwischen Phantasie und äußerer Realität erkennen; die Realität des Vaters wird durch Projektionen des Patienten verändert. Sein Abwehrmechanismus der Verdrängung wird in der Phantasie dadurch dargestellt, daß das Admirals-Über-Ich und das Offiziers-Ich mit vereintem Druck versuchen, die Triebe, dargestellt durch die Matrosen, unten zu halten. Wir können außerdem die Wirkung von Projektion und Introjektion daran erkennen, daß sein Vater durch Projektionen verändert wird; denn seine Macht ist nun ebenso groß wie die der Matrosen, und so wird er introjiziert und bildet das Über-Ich.

Der Traum war eine so klare bildliche Darstellung seiner inneren Struktur und entsprach so genau Freuds Diagramm vom Es, Ich und Über-Ich, daß er mir natürlich ziemlich glatt und allzu leicht durchschaubar schien. Später fanden wir heraus, daß diese Persönlichkeitsstruktur, wie sie im Traum dargestellt und ziemlich bewußtseinsnah war, rigide aufrechterhalten werden mußte, um ihn vor sehr viel primitiveren Ängsten und Objekten zu schützen. Das war vielleicht der Grund, warum er sie so leicht darstellen und mir zeigen konnte. Rosenfeld (1962) führt aus, daß ein idealisiertes, tyrannisches und überstrenges Über-Ich zu Beginn der Latenz internalisiert werden kann, um wahnhafte und depressive Ängste abzuwehren.

Es läßt sich sagen, daß die unbewußte Phantasietätigkeit und die von ihr entwickelten Konstruktionen die grundlegenden Strukturen und Eigenschaften unserer Persönlichkeit bestimmen und die Matrix unserer psychischen Struktur und unseres psychischen Lebens bilden.

Melanie Kleins Ansichten über frühe Objektbeziehungen und primitive Phantasien beeinflußten ihre Auffassung vom Narzißmus. Freud selber schwankte in seiner Auffassung darüber, wie früh Objektbeziehungen beginnen. Während die Hauptlinie seines Denkens bis 1920 von frühen Phasen von Autoerotismus und primärem Narzißmus ausgeht, stellt er an einigen Stellen Autoerotismus als ein Abwenden von der Brust der Mutter und ein Hinwenden zum eigenen Körper dar. In seiner Arbeit *Zur Einführung des Narzißmus* (1914) sagt er außerdem, er müsse einräumen, daß er niemals irgendeine klinische Evidenz für die Existenz des primären Narzißmus gefunden habe. Für Freud sind die Triebe nur an Objekte angeheftet (1905, 1911). Nach Kleins Auffassung sind die Triebe auf das Objekt gerichtet, und die Phantasien betreffen immer die Beziehung zwischen Selbst und Objekt. Selbst wenn, oberflächlich betrachtet, eine Phantasie vollkommen narzißtisch zu sein scheint, erweist es sich in der Analyse immer, daß sie eine unbewußte Objektbeziehung enthält (Rosenfeld 1964). Eine solche Phantasie kann zum Beispiel bedeuten, man habe sich eine ideale Brust einverleibt und sich mit ihr – oder mit einer späteren Version vom idealen Objekt – identifiziert, und diese Vorstellung wird begleitet von einer projektiven Phantasie, in der ein verzweifelter, wütender oder neidischer Säuglings-Teil in jemand anderem untergebracht ist. Eine weitere, häufig anzutreffende Phantasie besteht darin, man befinde sich innerhalb eines solchen Ideal-Objekts und habe von ihm Besitz ergriffen. Dies läßt sich an einem sehr narzißtischen Patienten zeigen, der sich entweder in einen traumartigen Zustand zurückzog oder in manisches Agieren verfiel.[3] Er verbrachte Stunden damit, zu trainieren, um seine Brust- und Schultermuskeln zu vergrößern. Seine Träume und Einfälle enthüllten, daß diese Muskeln für ihn Brüste bedeuteten. Er hatte bewußte sexuelle Phantasien, in den Hintern von Frauen hineinzugelangen. Sie tauchten häufig auf, wenn er trainierte. In seinen unbewußteren Phantasien wollte er in sein eigenes Hinterteil hinein, das er dem der Frauen sogar noch vorzog. Diese Zustände wurden immer von Verfolgungsgefühlen begleitet. Bei der Arbeit wie zuhause kämpfte er ständig gegen Eindringlinge an. Seine Träume enthüllten die zugrundeliegenden unbewußten Phantasien. Häufig träumte er *von Festungen, die belagert wurden.* In einem Traum *wurde eine einsame Insel, auf der er wohnte, von Kannibalen in Booten umringt, die im Begriff waren zu landen.* Er war in narzißtischer Position in meinem Inneren und identifiziert mit mir als der Mutter (der Insel), während sein depressives, sein eindringendes und kannibalistisches kindliches Selbst nach außen projiziert waren. Er war sich seiner Destruktivität kaum bewußt, und seine Verfolgungsängste wurden im wesentlichen verleugnet.

Ein typischer Traum: *Er träumte von einer jungen Pantomimin, die er kannte. Er sah sie im Traum eine sehr aufgeputzte Gestalt darstellen. Sie war in einem Raum mit einer merkwürdigen Decke, rund, konkav und ebenfalls protzig.* Die Decke brachte er mit einer Gebärmutter in Verbindung – wegen ihrer Farbe und ihrer Prächtigkeit –,

---

[3] Dieser Fall wurde in *Models of the Mind* (Rothstein 1985) auf S. 41 beschrieben.

und mit einer Brust. Er erkannte sofort, daß die Pantomimin ihn selbst darstellte, denn in der letzten Stunde hatte er von seiner Tendenz gesprochen, mich zu imitieren. Er phantasierte also, daß er im Innern einer Gebärmutter bzw. einer Brust sei, und zugleich, daß er selbst diese Gebärmutter/Brust sei. Die Art, wie er seine Einfälle brachte, war selbst zum Teil ein acting in. Er deutete sich seinen Traum selbst und imitierte mich dabei, und zugleich paßte er sich dem an, was ich seiner Meinung nach sagen würde, um gut bei mir angeschrieben zu sein.

Die Persönlichkeit wächst, reift und entwickelt sich. Wachstum und Entwicklung eines Menschen haben nicht nur mit dem physiologischen Wachstum und der Reifung des Wahrnehmungsapparates – des Gedächtnisses usw. – zu tun, sondern auch mit wachsender Erfahrung und Lernen durch die Realität. Das Lernen durch die Realität führt wiederum zur Weiterentwicklung und zu Veränderungen des Phantasielebens. Phantasien entfalten sich. Im Kind spielt sich ein ständiger Kampf ab zwischen seinen omnipotenten Phantasien und seinen Begegnungen mit der Realität, der guten und der schlechten.

Das kleine Mädchen, das in der Stunde seine Phantasien von einer beißenden, spuckenden, unratverbreitenden „Dame an der Wand" ausdrücken konnte, hatte während der Ferien keine bildhaften Phantasien und, soweit wir wissen, auch keine Träume gehabt. Es wurde von Bauchschmerzen und Alpträumen gequält, die es nicht beschreiben konnte. Als es ins Sprechzimmer kam, sah es die Phantasie bildhaft und hielt sie fälschlich für eine Wahrnehmung, eine falsche Wahrnehmung, die einer Halluzination nahekam. Im Verlauf der Entwicklung werden aus Teilobjekt-Beziehungen allmählich Beziehungen zu ganzen Objekten; aus den vorwiegend äußerst primitiven oralen, urethralen und analen Trieben werden eher genitale.

Aber die Entwicklung betrifft nicht nur den Inhalt der Phantasien. Zugleich vollzieht sich eine Entwicklung von der primitiven konkreten Wahrnehmung hin zur Unterscheidung zwischen Phantasie und Realität. Von zentraler Bedeutung für diese Entwicklung ist die allmähliche Überwindung der primitivsten Omnipotenz mit Hilfe der Realitätsprüfung, die zu einer immer realistischeren Wahrnehmung der eigenen Person in der Welt führt. Zwischen den omnipotenten Phantasien des Kindes und den – guten und schlechten – Eindrücken aus der Realität findet ein ständiger Kampf statt. In den frühesten und primitivsten Formen des Fühlens und Denkens, die Melanie Klein als paranoid-schizoide Position bezeichnet hat, nimmt das Kind Zuflucht zur projektiven Identifizierung, um die Wirklichkeit omnipotent zu verändern. Von Anfang an besteht jedoch ein gewisses

Ausmaß an Realitätsprüfung, und das Seelenleben des sich entwickelnden Kindes wird entscheidend von seiner Fähigkeit geprägt, die Diskrepanz zwischen seinen omnipotenten Phantasien und Erwartungen und der Realität, die es erlebt, zu erkennen und zu tolerieren. Diese Fähigkeit wird ihrerseits beeinflußt davon, ob einerseits die äußeren Erfahrungen erträglich genug sind und andererseits die Fähigkeit des Kindes ausreicht, solche ihm begegnenden Diskrepanzen zu ertragen. Ein wütendes Baby mit der Phantasie von einer verfolgenden Brust wird sich vielleicht zunächst abwenden, wenn das fütternde mütterliche Objekt wiederkommt, weil es dieses in seiner verzerrten Wahrnehmung für eines böses Objekt hält. Manche Säuglinge nehmen das fütternde Objekt, wenn es sich ihnen wieder zuwendet, nie wieder an und entwickeln Eßstörungen. Manche erkennen das gute Objekt wieder, wenn es zurückkommt, nachdem sie es zunächst zurückgewiesen haben, und nehmen das Essen dann an. Und die Fähigkeit der Mutter, die anfängliche Zurückweisung geduldig zu ertragen, kann das Ergebnis ebenfalls beeinflussen. Eigentlich erwartet das Kind eine ideale Brust, von der es wieder aufgenommen wird in die phantasierte Seligkeit der intrauterinen Existenz; statt dessen muß das Kind ertragen, daß die Brust ein solches Ideal nicht erfüllt.

Obwohl also die Realitätsprüfung vom Beginn des Lebens an stattfinden muß, liegt das eigentliche Schlachtfeld für die Entwicklung einer reifen Beziehung zur Realität am Übergang von der paranoid-schizoiden zur depressiven Position. Als depressive Position ist von Melanie Klein (1935, 1940) der innere Zustand des Kindes bezeichnet worden, der sich einstellt, wenn es beginnt, eine Beziehung zur Mutter als „ganzem Objekt" zu entwickeln. Vorher befindet sich das Kind in der paranoid-schizoiden Position (Klein 1946, 1952). Diese ist charakterisiert durch eine vollkommen ich-bezogene „Teil-Objekt"-Beziehung, in der das Kind das Objekt lediglich in gute und böse Teil-Objekte aufgespalten erlebt, die es entweder einer guten oder einer bösen Brust zuordnet. Spaltung, Idealisierung, projektive Identifizierung und Fragmentierung herrschen vor. Bei der projektiven Identifizierung projiziert das Kind nicht nur seine Impulse, sondern auch Teile seiner eigenen Person in das Objekt, wodurch eine Konfusion zwischen innerer und äußerer Welt entsteht. Wenn die projektive Identifizierung allmählich abnimmt, wobei sich zugleich Inhalt und Intensität der Projektionen verändern, entwickelt sich eine genauere Wahrnehmung der Mutter als getrennter Person mit der zu ihr gehörigen Kontinuität und ihren guten und schlechten Eigenschaften; und es entwickelt sich auch eine genauere Wahrnehmung von den widersprüchlichen eigenen liebenden und hassenden Impulsen dieser Person gegenüber. Dies ermöglicht die Differenzierung zwischen der eigenen Person und dem Objekt, die Wahrnehmung von Schuld und von Verlustangst. In dem früheren psychischen Zustand konnte man das böse Objekt hassen und seine Vernichtung wünschen und das gute Objekt lieben, idealisieren und erhalten. Wenn die Mutter als ganze Person im Innern des Kindes aus Haß omnipotent zerstört wird, dann wird die geliebte und gebrauchte Person ebenfalls zerstört. Neue Impulse tauchen auf: das verlorene Objekt wiederherzustellen und zurückzugewinnen – der Impuls zur Wiedergutmachung. Die Folgen dieser Veränderung sind ungeheuer und werden noch immer untersucht (Spillius et al. 1989).

Die Auswirkungen dieser Veränderung auf die Realitätsprüfung und auf die Symbolbildung haben mich besonders beschäftigt. Realitätsprüfung und depressive Position beeinflussen sich gegenseitig: ein gewisses Maß an Realitätsprüfung ist nötig, um den Wechsel von der paranoid-schizoiden zur depressiven Position in Gang zu setzen. Wenn das Kind die Diskrepanzen zwischen seinen idealen und verfolgenden Erwartungen einerseits und der Begegnung mit dem realen Objekt andererseits ertragen kann, kann es das Gute und das Schlechte allmählich integrieren und ein ganzes Objekt abwechselnd oder auch gleichzeitig als gutes *und* schlechtes, als geliebtes *und* gehaßtes integrieren. Und diese Art der Realitätsprüfung bahnt den Weg für die Erkenntnis, daß die Mutter eine wirkliche Person mit menschlichen Eigenschaften ist und nicht das Teilobjekt, das vollkommen auf das Kind bezogen ist. Sobald dieser Wechsel einsetzt, bewirkt die veränderte Orientierung, die im Innern des Kindes ausgelöst wird, einen Schub in Richtung auf die zunehmende Anerkennung der Realität. Die Wiedergutmachungsimpulse in der Beziehung zum Objekt bewirken vor allem, daß projektive Identifikationen zurückgenommen werden und dem Objekt eine eigenständige Existenz zugestanden wird. Wenn dies erreicht ist, verringert sich die Omnipotenz, der Unterschied zwischen Selbst und Objekt wird anerkannt, und dies führt dazu, daß die Phantasie als eigenes Produkt von der Realität als zur Außenwelt gehörig unterschieden werden kann. Und die Objekte, die in der Phantasie internalisiert und zu inneren Strukturen wie etwa dem Über-Ich werden, werden immer realistischer. Der Charakter der Phantasien verändert sich: aus idealen sowie verfolgenden Teilobjekt-Beziehungen werden solche zu ganzen Objekten wie etwa zu dem Elternpaar, zu den Geschwistern und der Familie, und der innere Konflikt, der in der Phantasie bearbeitet wird, hat jetzt mehr mit der Wiedergutmachung von Verletzungen zu tun, die das Kind ihnen in seinem Inneren zugefügt hat. Erst in der depressiven Position werden außerdem die primitiven Abwehrmechanismen der Spaltung, der Idealisierung und Projektion allmählich durch den der Verdrängung ersetzt. Das Kind erlebt sich als stärker getrennt und verschieden von seinem Objekt und entwickelt die Fähigkeit, sich wegen seiner Impulse und Phantasien schuldig zu fühlen. Deshalb verdrängt es sie. Und dann, wenn die Verdrängung einsetzt, können verdrängte Impulse und Phantasien auch sublimiert werden.

Ich möchte mich auf ein Beispiel beschränken. Die Patientin A. war eine schizoide Frau, deren schwergestörte Mutter Selbstmord begangen hatte, als A. in der Adoleszenz war. Sie hatte den folgenden Traum: *Sie träumte von zwei Balkonen; einer war in Sonne getaucht, der andere war schwarz und lag im Düsteren.* Dazu fiel ihr ein Fest im Schloß eines ausländischen Analytikers in dessen Land ein; sie wußte, daß ihre Analytikerin dort hingehen würde. Zu dem schwarzen Balkon fiel ihr ein Witz über Dr. S. ein, dem nachgesagt wurde, er werfe seine Patienten über seinen Balkon die Klippen hinunter. Die Patientin versuchte, an einer sehr rigiden Idealisierung ihrer Analytikerin festzuhalten und damit eine sehr verfolgende Situation abzuwehren. In ihrem Leben war sie rigide, relativ unproduktiv und ziemlich paranoid. In ihren Augen war ihre ganze Familie kaputt, zerfallen und verfolgend. Viele Jahre nach diesem Traum träumte sie, daß *sie ein Puzzle zusammensetzte, und als es fertig war, stellte es ein Haus in einem Garten dar, mit einer intakten Familie auf dem Rasen. Sie hatte sehr hart daran arbeiten müssen, aber sie war sehr froh.* Sie hatte viele verschiedene Einfälle dazu. Zunächst fiel ihr ihre veränderte Einstellung ihrer Familie gegenüber ein, nachdem sie sich wieder an die Zeit erinnert hatte, als alle zufriedener waren und ihre Mutter zugänglicher; dann fiel ihr ein Puzzle ein, das sie aus Versehen hinuntergestoßen hatte, und dann dachte sie an die geistige Aktivität, die dem Zusammenfügen von Einzelteilen zu einem Puzzle entspricht. Sie sagte: „Die Teile zusammenzusetzen – das war wie Denken." Als sie diesen Traum träumte, schrieb sie gerade an einem Buch, das überhaupt nichts mit ihrer Familie oder mit irgend etwas, das einen Bezug zu ihr hatte, zu tun hatte; dennoch hatte sie offensichtlich das Gefühl, mit ihrer geistigen Aktivität etwas wiederherzustellen, das sich in ihrem Inneren anfühlte wie ein Zuhause und eine Familie.– Die Veränderung betrifft nicht nur den Inhalt ihres unbewußten Phantasielebens; sie betrifft auch ihre Beziehung zu ihrem inneren Leben; sie kann jetzt zugeben, daß ihre Phantasien eine innere Aktivität sind.

Höhere geistige Aktivitäten wie das Denken stellen ein Wechselspiel zwischen Phantasie und Realität dar. Wir sind innerlich nicht leer, wenn wir auf die Realität treffen. Wir begegnen ihr mit Erwartungen, die von unseren vorbewußten oder unbewußten Phantasien ausgehen, und wir erleben die Realität – nicht nur während unserer Kindheit, sondern unser ganzes Leben lang –, indem wir unsere Phantasien ständig in Beziehung zu ihr setzen und an ihr überprüfen. Was bedeutet Realitätsprüfung? Das einzige, was man testen kann, ist eine Hypothese. Unbewußte Phantasien sind wie eine Reihe von Hypothesen, die mit Hilfe der Realität getestet werden können (Segal 1978). In *Die Verneinung"*, einer Arbeit, in der Freud der Phantasie eine bedeutsamere Rolle zuschreibt als in vielen anderen seiner Arbeiten, sagte er:

> Der erste und nächste Zweck der Realitätsprüfung ist also nicht, ein dem Vorgestellten entsprechendes Objekt in der realen Wahrnehmung zu finden, sondern es wiederzufinden, sich zu überzeugen, daß es noch vorhanden ist. (Freud 1925, GW XIV, S. 14)

Der Reichtum, der Umfang und die Stimmigkeit unserer geistigen Aktivität hat mit unserer Beziehung zu unseren unbewußten Phantasien zu tun. Wenn unbewußte Phantasien abgespalten oder zu stark verdrängt werden, verarmt unser bewußtes Leben und wird eingeengt. Wenn auf der anderen Seite unsere Realitätsprüfung behindert wird und unbewußte Phantasien unsere Wahrnehmung beeinflussen und unser Verhalten bestimmen, ohne mit Hilfe der Realitätsprüfung korrigiert zu werden, kann es so aussehen, als sei unser inneres Leben reich, aber in Wirklichkeit ist es wahnhaft verzerrt (Segal 1978).

Ich glaube, in Freuds Denken herrschte die Meinung vor, Phantasien seien keine primäre Aktivität. Für ihn sind sie mit Träumen, Symptomen, Versprechern und Kunst vergleichbar und haben dieselben Wurzeln wie diese; sie liegen Träumen, Symptomen, Gedanken und Kunst nicht zugrunde. Im Gegensatz dazu hält Melanie Klein unbewußte Phantasien für die wichtigste primäre Tätigkeit, für den unmittelbarsten Ausdruck sowohl von Impulsen wie von Abwehrvorgängen, und sie geht von einer beständigen Interaktion zwischen unbewußter Phantasie und Wahrnehmung aus, wobei die eine die andere beeinflußt, aber auch von ihr beeinflußt wird. Im Verlauf von Reifung und wachsender Erfahrung werden die Phantasien komplexer und in verschiedener Hinsicht elaborierter, die von den Sinnen aufgenommenen Anteile werden differenzierter und spielen eine wichtigere Rolle dabei. Für Melanie Klein liegen unbewußte Phantasien also Träumen, Symptomen, Wahrnehmungen, Gedanken und der Kreativität zugrunde. Sie dringen nicht in einen Traum ein, sie sind „der Stoff, aus dem die Träume sind".

Im Unterschied zu Freuds Ansicht, unbewußte Phanatasien würden gelegentlich in Träume eindringen, vertrete ich die Auffassung, daß das Träumen nur eine der Ausdrucksformen unbewußter Phantasie ist. Freud hat bemerkt, daß Phantasien denselben unbewußten Inhalt und denselben Mechanismus, dieselbe Ausgestaltung haben wie Träume. Man könnte sagen, sie benutzen dieselbe Sprache. Als Freud die Traumsprache und die Traumarbeit entdeckte, entdeckte er eine Traumwelt und eine Traumsprache, die uns begleitet, ob wir wachen oder schlafen – die Welt und die Sprache unbewußter Phantasien.

3
Symbole

Ohne das Konzept der unbewußten Symbolbildung ist es unmöglich, sich den Themen der Phantasie und der Träume überhaupt anzunähern. Die Entdeckung der Symbole und die Entdeckung der Phantasien hingen eng miteinander zusammen und bedingten sich gegenseitig. Freud hatte entdeckt, daß hysterische Symptome eine Bedeutung haben. Ihre Bedeutung, so fand er heraus, besteht darin, daß sie symbolische Ausdrucksformen von verdrängten Phantasien darstellen. Symbole sind das, wodurch unbewußte Phantasien ausgedrückt werden, sei es nun in Symptomen, Träumen oder ganz gewöhnlichen menschlichen Beziehungen und Strebungen. Von Anfang an hat die psychoanalytische Arbeit sich intensiv damit beschäftigt, die symbolische Bedeutung der Mitteilungen der Patienten zu verstehen. Zu Beginn seiner Arbeit benutzte Freud das Konzept der Symbole in diesem allgemeinen Sinn. Dies gilt auch für sein weiteres Werk über die unbewußte Symbolik hysterischer und zwanghafter Symptome; am Anfang seiner Arbeit über Träume spricht er von Symbolbildung (Freud 1900, S. 349–352). Während er aber an der „Traumdeutung" schreibt, führt er den Begriff „indirekte Darstellung" ein und beginnt, das, was er „Symbole" nennt, von anderen Formen indirekter Darstellung zu unterscheiden. Im zweiten Band der *Traumdeutung* heißt es:

> Wenn man sich mit der ausgiebigen Verwendung der Symbolik für die Darstellung sexuellen Materials im Traume vertraut gemacht hat, muß man sich die Frage vorlegen, ob nicht viele dieser Symbole wie die „Sigel" der Stenographie mit ein für allemal festgelegter Bedeutung auftreten, und sieht sich vor der Versuchung, ein neues Traumbuch nach der Chiffriermethode zu entwerfen.
>
> (Freud 1900, GW II/III, S. 356)

Und später:

> Wir wollen uns hier darauf beschränken zu sagen, daß die Darstellung durch ein Symbol zu den indirekten Darstellungen gehört, daß wir aber durch allerlei Anzeichen gewarnt werden, die Symboldarstel-

lung unterschiedslos mit den anderen Arten indirekter Darstellung zusammenzuwerfen, ohne noch diese unterscheidenden Merkmale in begrifflicher Klarheit erfassen zu können. (ebd)

Schließlich betonte er die folgenden Eigenschaften: daß Symbole fast ausnahmslos universell sind, daß sie vielleicht in unterschiedlichen Kulturen bestimmte Unterschiede aufweisen, daß sie vorgegeben sind und nicht gebildet werden und daß sie aus unserer Vorzeit stammen. Symbole im Traum bezeichnet er als „stumme Elemente", was bedeutet, daß die Patienten keine Einfälle zu ihnen haben und die Deutung allein vom Analytiker kommen muß. Jones beginnt in *The Theory of Symbolism* (1916), die er auf Freuds Werk gründet, zwischen bewußten Symbolen (die er unglücklicherweise als Metaphern bezeichnet) und unbewußten Symbolen zu unterscheiden:

1. Ein Symbol stellt dar, was aus dem Bewußtsein verdrängt worden ist, und der gesamte Prozeß der Symbolisierung erfolgt unbewußt (Jones 1916, S. 97).

2. Alle Symbole repräsentieren Vorstellungen vom „Selbst und den unmittelbaren Blutsverwandten und den Phänomenen von Geburt, Leben und Tod" (Jones 1916, S. 102).

3. „Ein Symbol hat eine konstante Bedeutung."

Viele Symbole können verwendet werden, um dieselbe verdrängte Vorstellung zur repräsentieren, aber ein feststehendes Symbol hat eine konstante Bedeutung, die universell ist (Jones 1916, S. 97).

4. Symbole sind das Ergebnis eines intrapsychischen Konflikts und stehen damit zwischen den „verdrängenden Tendenzen und dem Verdrängten". Und weiter: „Nur das, was verdrängt ist, wird symbolisiert; nur das, was verdrängt ist, hat es nötig, symbolisiert zu werden" (Jones 1916, S. 115–116).

Außerdem unterscheidet er zwischen Sublimierung und Symbolisierung. „Symbole", sagt er, „entstehen, wenn sich der Affekt, der in der symbolisierten Vorstellung enthalten ist, als nicht geeignet erwiesen hat, um jene qualitative Modifikation zu leisten, die der Begriff Sublimierung meint" (Jones 1916, S. 139.).

Jones' Punkte lassen sich folgendermaßen zusammenfassen: Wenn ein konflikthaftes Begehren aufgegeben und verdrängt werden muß, kann es sich in symbolischer Weise ausdrücken, und das Objekt der Begierde, das aufgegeben werden muß, kann durch ein Symbol ersetzt werden.

Ich glaube, das engt die Auffassung vom Wesen der Symbole sogar noch stärker ein, denn er betrachtet die Symbole nicht als zur Sublimierung gehörig. Er ist auch entschiedener in seiner Auffassung, daß das Symbol nur eine einzige Bedeutung habe, während Freud flexibler ist:

> Dieselben sind oft viel- und mehrdeutig, so daß, wie in der chinesischen Schrift, erst der Zusammenhang die jedesmal richtige Auffassung ermöglicht. (Freud 1900, GW II/III, S. 353)

Einige Feststellungen von Jones sind sehr grundlegend und bis heute nicht kontrovers: etwa, daß die Symbole in ihrer tiefsten Bedeutung die „unmittelbaren Blutsverwandten und die Phänomene von Geburt, Leben und Tod" repräsentieren. Auch seiner Feststellung, daß Symbole als Ergebnis intrapsychischer Konflikte entstehen, daß sie das repräsentieren, was verdrängt worden ist, und daß der gesamte Prozeß der Symbolbildung unbewußt erfolgt, wird allgemein zugestimmt. In bezug auf einige andere Aussagen haben spätere Arbeiten allerdings Zweifel geweckt. Zum Beispiel: Hat ein Symbol wirklich eine festgelegte Bedeutung? Denn wir wissen doch, wie viele Bedeutungen in einem einzigen Symbol verpackt sein können. Außerdem: Gibt es Symbole, die feststehen und keine psychische Arbeit benötigen und die deshalb nicht auch zur Traumarbeit gehören? Und sind solche Symbole wirklich stummer als andere Formen indirekter Darstellung? Und – noch wichtiger – tauchen Symbole wirklich nur in Träumen oder in Symptomen auf und spielen keine Rolle bei sublimierenden Tätigkeiten? Natürlich benutzten sowohl Freud als auch Jones das Konzept der unbewußten Symbolbildung uneingeschränkt, wenn sie Kunstwerke erklärten. Und dennoch besteht kein Zweifel, daß es einen grundlegenden Unterschied gibt zwischen der Symbolbildung, die zu Symptomen führt, und derjenigen, die sich in einem Kunstwerk ausdrückt. Freud hatte erkannt, daß beiden unbewußte Phantasien zugrunde liegen, aber werden sie nicht auch in beiden auf symbolische Weise ausgedrückt? Ich denke, es war Melanie Kleins Arbeit mit Kindern, die einen neuen Zugang zum Problem der Symbolbildung eröffnete. Sie benutzt das Konzept der Symbolbildung so, wie Freud es ursprünglich benutzt hatte. Sie versteht das kindliche Spiel im Sprechzimmer als symbolischen Ausdruck unbewußter Konflikte, Wünsche und Phantasien. Ihre 1923 entstandene Arbeit *Die Rolle der Schule für die libidinöse Entwicklung des Kindes* zeigt, daß sie den symbolischen Ausdruck unbewußter Phantasien nicht nur im Spielzimmer, nicht nur in den Symptomen, sondern auch in den alltäglichen kindlichen Aktivitäten sah.

So bemerkt sie z. B., daß für viele Kinder das Schulgebäude den Körper der Mutter symbolisiert und der Lehrer einen Vater oder einen Penis im Innern des mütterlichen Körpers. Und im Behandlungszimmer drückt das Kind sein unbewußtes Phantasieleben mit Hilfe symbolischer Darstellung im Spiel aus und ermöglicht dem Analytiker auf diese Weise, die Phantasien über die Bedeutung der Symbole zu verstehen.

Sie entwickelte allmählich ein besonderes Interesse für die intellektuellen Hemmungen bei Kindern und maß der Rolle der Symbolisierung eine große Bedeutung für die intellektuelle Entwicklung bei. In ihrer Arbeit *A contribution to the theory of intellectual inhibition* (1931) setzt Melanie Klein intellektuelle Hemmungen mit einer Hemmung der Symbolbildung gleich, obwohl sie dies nicht eigens ausführt. Noch in ihrer 1923 entstandenen Arbeit legt sie das Schwergewicht auf libidinöse Tendenzen und Kastrationsängste und folgt damit genau Freuds Vorstellungen. Je weiter sich ihre Arbeit entwickelte, um so mehr Aufmerksamkeit schenkte sie jedoch der Aggression und den aus ihr resultierenden Ängsten und Schuldgefühlen. Angst und Schuld gehörten für sie zu den Hauptantrieben für die Symbolbildung. Der kindliche Wissenstrieb mit seinen libidinösen und aggressiven Anteilen führt zu Wünschen und Phantasien, den mütterlichen Körper zu untersuchen. Angst und Schuld aufgrund der aggressiven Komponenten dieses Wunsches führen zu einer Verschiebung des Wissenstriebes auf andere Objekte und statten auf diese Weise die Welt mit symbolischer Bedeutung aus. Aber wenn die Angst zu stark wird, wird dieser gesamte Prozeß gehemmt.

In einer ihrer grundlegendsten Arbeiten – *Die Bedeutung der Symbolbildung für die Ichentwicklung* (1930) – beschäftigt sie sich in spezifischer Weise mit der Hemmung der Symbolbildung und ihren katastrophalen Auswirkungen auf die gesamte Ich-entwicklung. Sie berichtet von Dick, einem vierjährigen autistischen Jungen, der weder sprechen noch spielen konnte; er zeigte weder Zuneigung noch Angst und hatte keinerlei Interesse an seiner Umgebung – außer an Türgriffen, Bahnhöfen und Zügen, die ihn zu faszinieren schienen. Seine Analyse enthüllte, daß Dick große Angst vor seiner Aggression hatte, die dem Körper seiner Mutter galt, und große Angst auch vor ihrem Körper, der für ihn böse geworden war, weil er ihn angegriffen hatte; wegen seiner starken Ängste hatte er mächtige Abwehrmechanismen gegen seine Phantasien über sie errichtet. Das Ergebnis war eine Lähmung seines Phantasielebens und der Symbolbildung. Er hatte die Welt um sich herum mit keinerlei symbolischer Bedeutung ausgestattet, und deshalb interessierte sie ihn nicht. Melanie Klein kam zu dem Schluß, daß, wenn die Symbolbildung nicht einsetze, die gesamte Ich-Entwicklung zum Stillstand komme. In dieser Arbeit entwickelt sie die Auffassung, daß übermäßige Angst in der Beziehung zum Körper der Mutter und der Ansturm von Schuldgefühlen eine Lähmung der Symbolbildung bewirken.

Beim Wiederlesen dieser Arbeit ging mir auf, daß in ihrer Darstellung von Dicks Beziehung zu seinem Objekt nicht nur Aggression erkennbar ist, sondern auch massive projektive Identifizierung. Sie beschreibt hier einen Prozeß, den sie erst sehr viel später konzeptualisiert. In seiner Phantasie greift Dick den Körper seiner Mutter an, indem er seinen schlechten Urin und Kot und seinen bösen Penis in sie hineinprojiziert, die alle auch Teile seiner eigenen Person darstellen. Als Konsequenz erlebt er ihren Körper als mit bösen und gefährlichen Stücken von sich selbst angefüllt, und zugleich fühlt er selber sich leer. Dicks Analyse muß eine der wichtigen Quellen für ihre spätere Formulierung des Prozesses der projektiven Identifizierung gewesen sein.

In der Analyse mit meinem ersten psychotischen Patienten, Edward (Segal 1950), war ich von Anfang an von der Qualität seines konkreten Denkens beeindruckt – z. B., daß Worte für ihn dasselbe wie Gegenstände bedeuten konnten. Es machte mir große Schwierigkeiten, ihm Deutungen zu geben, denn er erlebte meine Worte als Dinge oder als Handeln. Wenn ich ihm z. B. seine Angst deutete, kastriert zu werden, so erlebte er das, als kastriere ich ihn tatsächlich. Oder wenn er in einer Stunde ärgerlich auf mich war, halluzinierte er am nächsten Tag mein Gesicht als schwarz vor Ärger und rief um Hilfe, um sich vor dieser „schwarzen Indianerin" zu schützen. Zur gleichen Zeit hatte ich damals eine Patientin, die ich in meiner Arbeit *Ein psychoanalytischer Beitrag zur Ästhetik* (1953) beschrieben habe; sie war Schriftstellerin und hatte häufig eine Schreibhemmung – nämlich dann, wenn sie anfing, Worte als Bruchstücke von Gegenständen zu erleben. Eine Borderline-Patientin, die ich später hatte, konnte häufig nicht lesen, weil sie glaubte, die Worte würden aus der Seite herausspringen und ihre Augen beißen.

1957 habe ich in meiner Arbeit *Anmerkungen zur Symbolbildung* versucht, das Problem der Symbolbildung, mit dem ich in meiner klinischen Arbeit zu tun hatte, theoretisch zu fassen. Als Verständnishilfe diente mir Kleins theoretischer Rahmen der paranoid-schizoiden und der depressiven Position. Am Anfang dieser Arbeit beschrieb ich zwei Patienten, einen Psychotiker in der Klinik, der seit Ausbruch seiner Krankheit aufgehört hatte, Geige zu spielen, und der, wenn er nach dem Grund gefragt wurde, voller Empörung antwortete: „Erwarten Sie denn, daß ich in der Öffentlichkeit masturbiere?"; demgegenüber träumte ein

Analysepatient, den ich zur gleichen Zeit behandelte, manchmal, er spiele Geige, was unter anderem auch Masturbieren und damit zusammenhängende Phantasien darstellte, was ihn aber keineswegs daran hinderte, als Akt der Sublimierung Geige zu spielen.

Ich kam allmählich zu dem Schluß, daß man zwischen zwei Arten der Symbolbildung und der Funktion der Symbole unterscheiden kann. Die eine habe ich *symbolische Gleichsetzung* genannt – sie liegt dem schizophrenen konkreten Denken zugrunde; hier wird das Symbol so mit dem symbolisierten Objekt gleichgesetzt, daß die beiden als identisch erlebt werden. Eine Geige *ist* ein Penis; Geigespielen *ist* Masturbieren und wird deshalb nicht in der Öffentlichkeit getan. Im zweiten Fall, dem der echten Symbolbildung oder *symbolischen Darstellung*, repräsentiert das Symbol das Objekt, aber es wird nicht völlig mit ihm gleichgesetzt. Für den Patienten, der von der Geige geträumt hatte, repräsentierte die Geige den Penis, aber sie war auch verschieden von ihm, so daß sie zugleich unbewußte Onaniephantasien enthalten und dennoch genügend von ihnen unterschieden werden konnte, um auch als Geige benutzt zu werden, um Musik zu machen – was wiederum den sexuellen Verkehr darstellen konnte, ohne mit ihm gleichgesetzt zu werden.

Die Bewegung von der symbolischen Gleichsetzung zur symbolischen Darstellung wird von Claudine Geissmann (1990) wunderschön beschrieben. Sie stellt die Entwicklung dar, die ein Kind im Verlauf seiner sechsjährigen Analyse im Umgang mit kleinen Steinen oder Murmeln machte. Dieses psychotische kleine Mädchen begann seine Analyse in einer Tagesklinik, als es acht Jahre alt war. Es konnte nur wenige Worte sprechen und offensichtlich nur wenig von dem verstehen, was andere sagten. Es konnte nicht spielen, und seine Hauptaktivität bestand darin, Gegenstände zu zerreißen, zu zerbrechen oder zu zerschneiden und andere Kinder oder Erwachsene zu treten oder zu schlagen. Wann immer ein Gegenstand die Kleine interessierte, steckte sie ihn sofort in den Mund und spuckte ihn aus. Oft nahm sie kleine runde Steine in den Mund, die glatt und braun waren, und, wenn sie sie bekommen konnte, kleine braune Murmeln. Sie benutzte sie auch als Geschosse, um Menschen oder unbelebte Objekte damit zu treffen. Wenn sie einen davon verlor oder verlegte, geriet sie in Zustände unkontrollierbarer Wut, die sie gegen andere und gegen sich selber richtete – sie riß sich dann die Haare aus und zerkratzte sich die Stirn.

Sie begann ihre Analyse voller Eifer, und es stellte sich dann heraus, daß es das Kleid der Analytikerin war, das sie interessierte und veranlaßte, ihr ins Behandlungszimmer zu folgen: es war ein Kleid mit einem geometrischen Muster, in dem ein paar Kreise vorkamen.- Geissmann verfolgte das Schicksal der Steine und Murmeln während der Analyse des Kindes. Zunächst benutzte das Kind sie auf die Weise, wie ich sie beschrieben habe, lutschte an ihnen oder spuckte sie aus. Im Verlauf der ersten Monate entdeckte sie im Klo, daß die Spülkette aus einer Reihe kleiner Metallkugeln bestand. Und sie begann, damit zu spielen. Das wichtigste Spiel bestand darin, daß sie versuchte, die Kette so tief wie möglich in den Hals zu versenken und dann wieder herauszuziehen. Manchmal streichelte sie die Kugeln mit den Fingern. Dr. Geissmann sah es als wichtige Bewegung in der Übertragung an, daß das Kind eine Beziehung zu etwas aufnahm, das zum Setting gehörte. Für die Analytikerin bedeuteten die verschiedenen Aktivitäten des Kindes in der Toilette ebenso wie das Spiel mit der Kette, daß es die Toilette und die Kette konkret als Körper der Mutter behandelte. Die Kugeln der Kette, die die Patientin herunterzuschlucken versuchte, waren für sie eine konkrete Entsprechung von Teilen des Körpers der Analytikerin/Mutter.

Der erste Versuch einer symbolischen Darstellung, den die Kleine unternahm, war ebenfalls mit den Murmeln verknüpft. Sie bat die Analytikerin, ihr eine große graue Murmel zu zeichnen. Das war zugleich ihr erster komplizierter Satz, denn sie konnte hier zwei Eigenschaften miteinander verbinden, nämlich *groß* und *grau*. Sie strich die Zeichnung mit großer Befriedigung durch; danach allerdings folgte eine heftige Bewegungsabfuhr, die ihren ganzen Körper schüttelte.

In den nächsten Stunden bat sie die Analytikerin immer wieder darum, die Murmeln zu zeichnen; sie selbst malte sie dann farbig an und verglich sie immer wieder mit den Murmeln, die sie aus ihrem Mund holte. Nach und nach ging sie dazu über, sie selbst zu zeichnen. Sie bat die Analytikerin außerdem, ihr verschiedene andere Gegenstände zu zeichnen und sie zu benennen. Während dieser Zeit nahm ihr Wortschatz beträchtlich zu.

Dies schien ein erster Schritt in Richtung auf ihre wachsende Fähigkeit, Dinge symbolisch darzustellen. Allerdings wurden ihre Symbole schnell von ihr konkret erlebt, denn sie machte ihre Zeichnungen dann naß und stopfte sie sich in den Mund. Dieser Prozeß war mit einer Reihe hypochondrischer Klagen verknüpft: der Angst, zu erbrechen, giftige Gase auszustoßen usw.

Aber allmählich wurden die Phantasien, die sie mit den Steinen und Murmeln und in den Zeichnungen ausdrückte, klarer; es zeigte sich zum Beispiel eine deutliche Spaltung zwischen blauen Murmeln (die Analytikerin hat blaue Augen), die ihre Liebe und eine ideale Brust darstellten, und den roten und schwarzen

Murmeln, in die sie Wut, Haß oder Verzweiflung hineinprojizierte. Sie empfand die Zeichnungen noch immer so konkret als Teil von sich, der ihre Gefühle und Gedanken enthielt, daß es ihr unmöglich war, das Zimmer ohne sie zu verlassen; die Analytikerin ließ das zu, denn sie hatte den Eindruck, daß die Patientin sich, wenn sie das Zimmer ohne ihre Zeichnungen verließe, offenbar völlig leer, ohne jeden Gedanken, jedes Gefühl oder jede Fähigkeit, sich zu bewegen, empfinden würde.

Allmählich war sie in der Lage, ihr Interesse auf andere, ähnliche Gegenstände zu verlagern – z. B. auf die Perlenkette der Analytikerin und schließlich auf kleine Gummiballons, die sie aufblies und dann kaputtmachte. Eines Tages sammelte sie am Ende der Stunde die Fetzen dieser Ballons auf und bat die Analytikerin, den ganzen Ballon mit den Fetzen in seinem Inneren zu zeichnen. Das, so meinte die Analytikerin, war das erste Mal, daß sie ein ganzes, unversehrtes Objekt mit einem kaputten oder bösen zusammenzubringen versuchte. Und daß sie die Fetzen des schlechten im Innern des heilen, guten Objekts unterbrachte, bedeutete einen Schritt in der Entwicklung hin zu Integration und Wiedergutmachung.

In den folgenden Monaten brachte die Patientin Karten mit und tat ihre kleinen Steine und Murmeln dazu. Und sie begann, mit der Analytikerin Spiele zu spielen, bei denen sie diese Gegenstände als richtige Spielsachen benutzte. Dieser Weiterentwicklung in der Art ihres Umgangs mit den kleinen Murmeln entsprach auch ihre übrige Entwicklung. Jetzt, im sechsten Jahr ihrer Analyse, kann das Mädchen sprechen, lesen, schreiben, Beziehungen zu anderen Kindern aufnehmen und spielen.

Diese sehr konkreten Arten der Symbolbildung gibt es nicht nur bei Schizophrenen. Häufig sind sie die Grundlage von Hemmungen wie bei meiner Schriftsteller-Patientin.

Anthropologische Beispiele sind manchmal sehr ausdrucksstark. James Mooney berichtet in *The ghost-dance religion and the Sioux outbreak of 1890* (Die Geistertanz-Religion und der Aufstand der Sioux von 1890) *(Annual Report of the Bureau of American Ethnology, XIV* (2) S. 721, 724):

> Smohalla, ein indianischer Prophet und Häuptling des Wanapum-Stammes, weigerte sich, den Boden zu pflügen. Er behauptete, es sei eine Sünde, die Erde, die Mutter aller Dinge, zu verstümmeln und aufzureißen. Er sagte: Sie wollen, daß ich den Boden pflüge! Soll ich ein Messer nehmen und die Brust meiner Mutter zerfleischen?

Wenn ich dann sterbe, wird sie mich nicht an ihrem Busen ruhen lassen. Sie wollen, daß ich nach Steinen grabe? Soll ich unter ihrer Haut nach Knochen graben? Dann kann ich, wenn ich sterbe, nicht wieder in ihren Körper hineinkommen, um wiedergeboren zu werden. Sie wollen, daß ich Gras schneide und Heu mache und es verkaufe und reich bin wie weiße Männer! Aber wie kann ich es wagen, das Haar meiner Mutter abzuschneiden?

Der Indianer-Häuptling drückt hier poetisch aus, was auch das Dilemma meiner Schriftsteller-Patientin war, wie auch das Dilemma so vieler Hirten, wenn sie in die Landwirtschaft gezwungen werden.

Bei der pathologischen Trauer spielt die konkrete Symbolbildung eine herausgehobene Rolle. Wenn der Gestorbene im eigenen Inneren als konkreter toter Körper oder als Kot erlebt wird, dann ist eine normale Trauer nicht möglich. Nur wenn der Tote symbolisch introjiziert werden kann und das innere Objekt symbolisch für die verlorene Person steht, kann die innere Wiedergutmachung gelingen, die nötig ist, um die Trauer zu überwinden. Ein Mensch, der wirklich tot ist, kann nicht wieder lebendig gemacht werden; ebensowenig kann Kot in Milch zurückverwandelt werden. Nur dann, wenn der Tote im Inneren symbolisch repräsentiert ist, kann es zur symbolischen inneren Wiedergutmachung kommen. Die Patientin A., die ich im vorigen Kapitel zitiert habe und die davon träumte, daß sie ein Laubsäge-Puzzle zusammensetzte, sagte in ihren Assoziationen, es gehe um eine geistige Aktivität. Früher hatte sie neben anderen Schwierigkeiten unter hypchondrischen und psychosomatischen Beschwerden gelitten, die verbunden waren mit der konkreten Phantasie von einer zerstückelten Mutter und Familie, die ihren Körper angriffen. Erst als sich der Charakter ihrer Symbolbildung veränderte, wie sich das in ihrem Traum vom Laubsäge-Puzzle zeigte, konnte sie die reparative innere Arbeit vollziehen, die zur Wiederherstellung einer inneren Familie führte und ihr ermöglichte, den Tod ihrer Mutter zu akzeptieren und zu betrauern. In ihrem Fall mußte die Trauer auch die Anerkennung der realen Krankheit der Mutter einbeziehen, die dazu geführt hatte, daß sie wirklich schlecht für die Patientin gewesen war – so ganz anders, als sie sie gern gehabt hätte und wie sie sie nur sehr selten erlebt hatte. (Solch eine Anerkennung ist oft sogar noch schmerzlicher als ein wirklicher Verlust.)

Ich bin zu dem Schluß gekommen, daß von den beiden Arten der Symbolbildung die eine zur paranoid-schizoiden und die andere zur depressiven Position gehört. Melanie Klein verknüpft die Symbolbildung mit Projektion und Identifikation. Sie sagt, sie stimme Ferenczi darin zu, daß die Symbolbildung damit beginne, daß das Kind Teile des eigenen Körpers in das Objekt hineinprojiziere. Und dennoch konzentriert sich ihre Arbeit zur Symbolbildung hauptsächlich auf die Introjektion und die Reprojektion. Das Kind introjiziert und symbolisiert den Körper der Mutter, und es ist diese innere Mutter, die dann auf die äußere Welt verschoben wird. Damals hatte Melanie Klein noch nicht herausgearbeitet, wie Projektion und Introjektion tatsächlich zusammenspielen. Ich meine, daß in ihrem späteren Werk ihr Konzept der projektiven Identifizierung ein neues Licht auf das gesamte Problem der Symbolbildung warf. Bei meiner Arbeit fiel mir auf, daß bei einer Zunahme projektiver Identifizierungen konkrete Symbole die Oberhand gewannen. Das scheint auch logisch. Die Symbolbildung besteht aus einer dreifachen Beziehung: aus dem Symbol, dem Objekt, das es symbolisiert und dem Menschen, für den das Symbol das Objekt symbolisiert. Wenn solch ein Mensch fehlt, kann es kein Symbol geben. Diese dreifache Beziehung bleibt nicht erhalten, wenn die projektive Identifizierung stärker wird. Der wichtige Teil des Ich ist dann mit dem Objekt identifiziert: Zwischen dem Ich und dem Objekt wird nicht genügend unterschieden, die Grenzen gehen verloren, ein Teil des Ich verwirrt sich mit dem Objekt, und das Symbol, das eine Schöpfung des Ich ist, wird mit dem verwechselt, was es symbolisiert. Erst mit dem Beginn der depressiven Position und der Erfahrung von Getrenntheit, Trennung und Verlust kommt die symbolische Darstellung ins Spiel.

Ich möchte das gern mit Hilfe zweier Auszüge aus dem Material eines Patienten illustrieren, die etwa zwei Jahre auseinanderliegen.

Der Patient C., ein neurotischer junger Mann, ist meistens in der Lage, auf depressiver Ebene zu funktionieren. Er kann mit symbolischen Mitteln kommunizieren und ist zu vielerlei Sublimierungen fähig. Diese Errungenschaften sind allerdings unsicher, und wenn er unter Streß steht, neigt er zu massiven projektiven Identifizierungen, die von einer Regression auf die konkretistische Ebene begleitet werden. Manchmal gerät er z. B. in beinahe halluzinatorische Zustände. Einmal kam er sehr verstört in die Stunde, weil er beim Aufwachen ein halluzinatorisches Erlebnis hatte. Es unterschied sich von einer Halluzination nur dadurch, daß er sich verzweifelt an den Glauben klammerte, es müsse ein Produkt seiner eigenen Phantasie sein. Als er erwachte, hatte er das Gefühl, sein Kopf sei ein fester Körper, und sah, wie ein Motorrad in ihn hineinfuhr. Der Fahrer trug eine Art Maske, mit der er wie ein Gorilla aussah. C. war entsetzt und dachte, sein Kopf würde explodieren. Dann blickte er auf seinen eigenen Zeigefinger und erschrak, weil der Finger wie ein Gorilla aussah. Er konnte diesen akuten Angst-Zustand erst überwinden, als er sich die letzte Stunde ins Gedächtnis rief, in der ihn sehr aufdringlicher Lärm von Motorrädern vor den Praxisfenstern gestört hatte. Er meinte, die Motorräder hätten eine Beziehung zu meinem Sohn. Er brachte den Gorilla mit einem psychotischen Jungen in Verbindung, dessen Aussehen in einem Artikel als gorillaähnlich beschrieben worden war. Den Finger bezog er auf anale Masturbation, von der er vor ein paar Tagen gesprochen hatte. Wenn er anal masturbierte, so war das immer mit gewaltsamer projektiver Identifikation in den Anus der Analytikerin/Mutter verbunden, wie es Meltzer 1966 beschrieben hat. Wir verstanden, daß die Motorräder vor dem Fenster sein eigenes eindringendes Selbst repräsentierten; in Gestalt seines Fingers und Penis wurde es in ein äußeres Objekt projiziert, für das das Motorrad meines Sohnes stand, das nun in ihn eindrang. – Derselbe Patient zeigte etwa zwei Jahre später deutlich in einem Traum, wie seinem Gefühl nach dieser Konkretisierungsprozeß entstanden war.

Eines Tages erzählte er mir, daß er große Angst bekommen hatte, als er an meinem Sprechzimmer vorbei ins Wartezimmer ging, weil ihm der Gedanke kam, daß keine Wache an der Tür stand, nichts, was ihn daran hindern könnte, in das Sprechzimmer hereinzukommen und die Stunde meines anderen Patienten zu stören. Dann fügte er hinzu: „Mir ist klar geworden, es gibt nichts, was mich daran hindern könnte, auf der Couch zu machen, was ich will. Wenn ich wollte, könnte ich zum Beispiel anders herum liegen." Dann kicherte er und wurde verlegen, als er merkte, daß verkehrt herum im Bett zu liegen die Position war, in der er letzte Nacht mit seiner Freundin beim Liebesspiel lag. Offensichtlich war die Situation also folgende: Es gibt keinen Wächter vor der Tür, keinen Ehemann. Er könnte mit mir als seiner Freundin Verkehr haben und unsere Positionen auf diese Weise herumdrehen – was bedeutet, daß er mich beherrschte –, anscheinend eine eindeutige ödipale Situation. Danach erzählte er mir einen Traum. Er sagte: „Ich hatte einen Traum, *in dem ich M. (der Freundin) meine Halluzinationen erklärte. Ich sagte zu ihr: ,Schau, ich träume ein Auto, und dann ist es da.' Und das Auto erschien."* Er stieg vorne ein, aber es gab keine Aufteilung zwischen *vorn und hinten – nichts zum Anlehnen. Er begann, nach rückwärts zu fallen und geriet in furchtbare Panik. Er erwachte in großer Angst.*

Ich verstand seine Assoziationen, die der Traumerzählung vorausgingen, und den Traum selber, so: Die Stange zum Anlehnen (englisch: pole, wörtlich übersetzt:

Pfahl, Pfosten) ist ein phallisches Symbol. Außerdem aber bin ich auch Polin, und zudem kannte er den Vornamen meines Mannes, nämlich Paul. In Abwesenheit des „Pols", des Vaters, bzw. des Penis in der Vagina, gibt es nichts, das ihn daran hindern könnte, genitalen Verkehr mit seiner Mutter zu haben, nichts, das ihn von der ungehemmten projektiven Identifizierung mit ihr abhalten könnte, was bei ihm Verlust seiner Grenzen, Verwirrung und Panik zur Folge hat. In diesem Traum ist der Penis des Vaters abwesend, aber in anderen Träumen oder Halluzinationen tauchte der Penis als Verfolger wieder auf, wie etwa in den Halluzinationen vom Motorradfahrer.

Offenbar will er seiner Freundin im Traum folgendes erklären: Wenn er sich in seine Mutter hineinprojiziert, dann erlebt er das, was eigentlich seine Gedanken waren, „was er sich zusammengeträumt hat", als Wirklichkeit in der äußeren Welt. Allerdings löste dieser ganze Prozeß diesmal statt einer Halluzination einen Traum aus. Er wurde von der Traumarbeit in eine bedeutungsvolle innere und äußere Kommunikation verwandelt. Die Traumarbeit gelang nicht ganz, denn der Patient erwachte in Panik. Dennoch verschwanden seine Halluzinationen nach diesem Traum völlig. Natürlich glaube ich nicht, daß dieser Traum ihn wie ein Zauberstab heilte. Der Traum stellte die Integration und die Umsetzung der Einsichten dar, die der Patient in unserer analytischen Arbeit gewonnen hatte.

Das Ziel primitiver projektiver Identifizierung besteht darin, eine psychische innere Realität dadurch zu verleugnen, daß man einen Teil von sich los wird und zugleich das Objekt in Besitz nimmt und kontrolliert. Eine allmähliche Veränderung vollzieht sich, wenn in der depressiven Position Symbole gebildet und eingesetzt werden. Projektive Identifizierungen werden Schritt für Schritt zurückgenommen, und die Getrenntheit des Subjekts vom Objekt wird sicherer aufrechterhalten. Damit entsteht ein stärkeres Bewußtsein von der eigenen psychischen Realität und vom Unterschied zwischen innen und außen. In einer solchen Situation bekommt die Funktion der Symbolbildung allmählich eine weitere Bedeutung. Symbole werden benötigt, um den Objektverlust zu überwinden, nachdem er erlebt und anerkannt wurde, und um das Objekt vor der eigenen Aggression zu schützen. Ein Symbol ist wie ein Niederschlag der Trauer um das Objekt. Die Beziehung zwischen der Fähigkeit zu symbolisieren und der Fähigkeit zu trauern zeigt sich bei demselben Patienten wiederum ein paar Jahre später, nachdem seine Halluzinationen aufgehört hatten.

Nachdem bei diesem Patienten eine deutliche Veränderung und Besserung eingetreten war, heiratete er. Vor seiner Hochzeit, für die er seine Analyse ein paar Tage unterbrechen wollte, zeigte er mir gegenüber eine beträchtliche Ambivalenz, wobei ich für ihn den Vater repräsentierte. Als er aus den Flitterwochen zurückkam, sagte er, er sei noch nie in seinem Leben so bewegt gewesen wie bei der eigentlichen Trauungszeremonie. Er hatte sich aus Achtung vor dem toten Vater entschlossen, kirchlich zu heiraten, obwohl er selber nicht religiös war. Er hatte darum gebeten, daß das Lieblingslied des Vaters, „Der Herr ist mein Hirte", bei der Trauungszeremonie gesungen würde. Er sagte, noch nie in seinem Leben sei er so glücklich und so unglücklich zugleich gewesen. Er wußte nicht, ob er in diesem Moment seinen Vater zurückgewinnen oder verlieren würde. So stark fühlte er die Gegenwart seines Vaters in seinen Gedanken, und so stark fühlte er dessen reale Abwesenheit während der Hochzeit. Dann erzählte er mir einen Traum, den er letzte Nacht geträumt hatte, in dem *ein Fischer ihn mit hinausnehmen sollte, um ihm das Fischen beizubringen. Die Hände des Fischers waren verbunden, weil er sich geschnitten hatte. Der Patient fürchtete, der Fischer sei zu sehr verletzt, um fischen zu gehen. aber der Fischer versicherte ihm, daß er dennoch sein Versprechen halten könne.*

In der letzten Stunde vor der Unterbrechung hatte ich Gelegenheit gehabt, ihn darauf hinzuweisen, daß er sehr schneidend zu mir gewesen war. Ich war der Fischer-Vater mit der verbundenen Hand.- Das Symbol wird vom Trauernden während des Prozesses gebildet, der der Durcharbeitung der Trauer dient. Es repräsentiert das Objekt, aber es ist eine Schöpfung des Subjekts und kann von ihm deshalb frei eingesetzt werden. Das unterscheidet es von einer konkreten symbolischen Gleichsetzung, die nie als ausreichend getrennt vom Objekt erlebt werden kann, um frei gebraucht werden zu können. Und weil das Symbol dem Objekt nicht gleichgesetzt wird, werden die Eigenschaften und Funktionen eines Ersatzobjekts, das als Symbol benutzt wird, vollständig erkannt und anerkannt. Deshalb konnte mein neurotischer Patient im Gegensatz zu dem psychotischen Patienten die Geige als das erkennen, was sie war, so sehr er sie außerdem auch als Symbol für eine unerreichbare Beziehung brauchte.

Besonders Künstler verbinden, wenn sie erfolgreich sind, eine enorme Fähigkeit zum symbolischen Gebrauch des Materials, um ihre unbewußten Phantasien auszudrücken, mit einer aufs feinste geschärften Wahrnehmung der wirklichen Eigenschaften des Materials, das sie benutzen. Ohne diese zweite Fähigkeit hätten sie das Material nicht so effektiv nutzen können, um die symbolische Bedeutung auszudrücken, die sie darstellen möchten.

Ich habe die Unterschiede zwischen den beiden Arten der Symbolbildung folgendermaßen zusammengefaßt (Segal 1957, S. 57):

Ich möchte an diesem Punkt zusammenfassen, was ich mit den Begriffen „symbolische Gleichsetzung" bzw. „Symbol" meine und unter welchen Bedingungen sie entstehen. Im Fall der symbolischen Gleichsetzung wird der Symbol-Ersatz so erlebt, als *sei* er das ursprüngliche Objekt. Die dem Ersatz eigenen Eigenschaften werden nicht erkannt bzw. nicht zugegeben. Die symbolische Gleichsetzung wird benutzt, um die Abwesenheit des idealen Objekts zu leugnen oder ein verfolgendes Objekt zu kontrollieren. Sie gehört zu den frühesten Stadien der Entwicklung. Das eigentliche Symbol, das sich zur Sublimierung und zur Förderung der Ich-Entwicklung eignet, wird als *Repräsentant*, als Vertreter des Objekts erlebt; seine eigenen Eigenschaften werden erkannt, respektiert und genutzt. Es entsteht, wenn depressive Gefühle den paranoid-schizoiden gegenüber die Oberhand haben, wenn Trennung vom Objekt, Ambivalenz, Schuld und Verlust erlebt und ertragen werden können. Das Symbol wird nicht dazu benutzt, den Verlust zu leugnen, sondern ihn zu überwinden. Wenn der Mechanismus der projektiven Identifizierung als Abwehr gegen depressive Ängste gebraucht wird, können Symbole, die bereits gebildet wurden und als Symbole wirksam waren, sich in symbolische Gleichsetzungen zurückverwandeln.

Von der Symbolbildung hängt die Fähigkeit zur Kommunikation ab, denn jede Kommunikation erfolgt mit Hilfe von Symbolen. Wenn in den Objektbeziehungen schizoide Störungen auftreten, dann wird die Fähigkeit zu kommunizieren gleichermaßen gestört: erstens, weil die Unterscheidung zwischen Subjekt und Objekt verschwimmt, und zweitens, weil die Kommunikations*mittel* fehlen, denn Symbole werden dann auf konkrete Weise erlebt und stehen nicht mehr für die Kommunikation zur Verfügung. Eine der immer wieder auftretenden Schwierigkeiten in der Analyse mit psychotischen Patienten ist die gestörte Kommunikation. Worte zum Beispiel, seien es nun die des Analytikers oder die des Patienten, werden als Objekte oder als Aktionen erlebt und können nicht so einfach für die Kommunikaton genutzt werden.

Symbole werden nicht nur für die Kommunikation mit der äußeren Welt gebraucht, sondern auch für die innere Kommunikation. Was ist zum Beispiel damit gemeint, wenn wir sagen, jemand habe guten Kontakt zu seinem Unbewußten? Das heißt nicht, solche Menschen hätten bewußt primitive Phantasien von der Art, wie sie in ihren Analysen deutlich werden, sondern es heißt einfach nur, daß sie eine gewisse Wahrnehmung ihrer eigenen Impulse und Gefühle haben. Ich denke allerdings, daß wir mehr als dies meinen; wir meinen, daß sie tatsächlich mit ihren unbewußten Phantasien *kommunizieren*. Und dies kann – wie jede andere Form der Kommunikation – nur mit Hilfe von Symbolen geschehen. Bei Leuten, die „gutem Kontakt zu sich selber" haben, werden also beständig und ungehindert Symbole gebildet, wobei sie die *symbolischen Ausdrucksformen* ihrer primitiven Phantasien bewußt wahrnehmen und kontrollieren können. Die Schwierigkeit im Umgang mit schizophrenen und schizoiden Patienten besteht nicht nur darin, daß sie nicht mit uns kommunizieren können, sondern daß sie es auch mit sich selbst nicht können. Jeder Teil ihrer Persönlichkeit kann von jedem anderen Teil abgespalten sein, zwischen ihnen ist keine Kommunikation möglich.

Die Fähigkeit, mit Hilfe von Symbolen mit sich selbst zu kommunizieren, ist, so denke ich, die Grundlage verbalen Denkens – also der Fähigkeit, mit sich selbst mit Hilfe von Worten zu kommunizieren. Nicht jede innere Kommunikation besteht aus verbalem Denken, aber jedes verbale Denken stellt eine innere Kommunikation mit Hilfe von Symbolen, nämlich Worten, dar.

(Segal 1957, S. 58)

Ich habe zwei Arten der Symbolbildung in sehr extremer Weise dargestellt. Zwischen dem einen und dem anderen Modus gibt es einen weiten Übergangsbereich, und ich glaube nicht, daß ich je einen Patienten gesehen habe, dessen Symbolbildung sich ausschließlich auf konkreter Ebene abgespielt hätte oder dessen konkrete Symbole ausschließlich konkret gewesen wären; dies war nur überwiegend der Fall. Und ich glaube auch nicht, daß die Symbolik der depressiven Position je frei von konkreten Elementen ist. Insbesondere jede Kunst enthält konkrete symbolische Elemente, die einem Kunstwerk seine unmittelbare Kraft verleihen; sie treffen uns mit konkret empfundener Wucht, wenn sie in eine ansonsten reifere Art der Symbolik eingebettet sind; ohne eine solche wären sie allerdings nichts weiter als ein bedeutungsloses Bombardement. Eine der großartigen Leistungen der depressiven Position besteht in der Fähigkeit, primitivere

Aspekte des Erlebens, einschließlich primitiver symbolischer Gleichsetzungen, zu integrieren.

Das Verbalisieren ist eine besondere und hochentwickelte Form der Symbolbildung, und ich möchte jetzt anhand von Material aus einer Kinderbehandlung, die ich supervidiert habe, zeigen, wie das Verbalisieren in Verbindung mit dem Auftauchen depressiver Ängste einsetzte. Der achtjährige Junge war vielen Trennungen ausgesetzt, weil seine Eltern geschieden waren. Während der ersten sechs Monate seiner Analyse sprach er fast überhaupt nicht. Seine Mutter berichtete, daß er zu Hause meist zurückgezogen und schweigsam war. Er konnte in der Schule arbeiten und spielen, aber er spielte für sich allein. Im Behandlungszimmer spielte er frei, und auf Deutungen reagierte er mit einer Veränderung seines Gesichtsausdrucks oder seines Spiels. Gelegentlich gab er auf eine Frage eine kurze Antwort, aber niemals sprach er spontan oder frei. Nach einigen Sitzungen, die vor den hier berichteten stattfanden, murmelte er ein kaum hörbares „Danke" am Ende der Stunde. Ich werde kurz von zwei Sitzungen berichten und ausführlicher von einer dritten, die in den sechs Monaten seiner Analyse stattfanden, in denen depressive Gefühle aufkamen und er zugleich anfing zu kommunizieren und sehr frei zu assoziieren.

Am Mittwoch vor einer Ferienunterbrechung band er ein Flugzeug an einen Strick und ließ es über seinem Kopf kreisen. Die Analytikerin (Mrs C. Duthy) deutete, wegen der bevorstehenden Ferien denke er vermutlich, sie werde mit einem Flugzeug wegfliegen und er wolle sie festhalten und ihre Bewegungen kontrollieren. Er reagierte spontan und sagte, seine Großeltern kämen heute mit dem Flugzeug an, und dann assoziierte er sehr frei zu ihrem Besuch, den er aufgeregt erwartete. Es schien, daß er sie sehr mochte und sich von ihnen zärtlich geliebt fühlte. Außerdem gestand er, daß er eifersüchtig auf seinen Vater sei, der im Gegensatz zu ihm ein richtiges Elternpaar hatte.

Am Donnerstag war er sehr verzagt. Er versuchte, Stricke an zwei Möbelstücken anzubringen, aber sie fielen immer wieder zwischen ihnen hindurch. Er versuchte ohne jeden Erfolg, die Stricke an den Möbeln zu befestigen. Die Analytikerin deutete ihm seine Verzweiflung darüber, daß Leute kommen und gehen und daß er selbst zwischen die beiden Eltern falle. Sie sagte, er erlebe es als unsicher, sich an irgend jemanden zu binden. Gegen Ende der Stunde schnitt er eine Schnur in fünf Teile und machte dann einen Knoten zwischen den beiden letzten. Sie deutete, die fünf Schnurenden seien die fünf Wochenstunden, und er wolle heute und morgen miteinander verbinden; er habe weniger Angst davor, sich mit ihr verbunden zu fühlen. Während dieser ganzen Sitzung sprach er überhaupt nicht, aber am Schluß war er weniger verzweifelt und lächelte sie an. Ich werde nun die Freitag-Stunde ausführlicher beschreiben. Als er ins Behandlungszimmer kam, ging er schnell zu seiner Kiste und nahm ein paar lange Schnüre heraus, die er in den letzten Tagen von einem Knäuel abgeschnitten hatte. Er nahm seine Züge und seine Autos heraus. Bis dahin hatte er während der Stunden immer seinen Mantel anbehalten. Deshalb machte die Analytikerin eine Bemerkung darüber, daß er den Mantel nicht anhabe und daß ihr aufgefallen sei, daß seine Mutter im Wartezimmer nicht bei ihm war. Darauf sagte er, seine Mutter habe weggehen müssen, und machte sich sofort an den Stricken zu schaffen, verteilte sie auf dem Fußboden und im Zimmer, befestigte sie an den Möbelstücken und hängte sie hierhin und dorthin. Sie sagte, die Dinge seien offenbar sehr unsicher miteinander verbunden. Nichts sei fest verknotet und alles sei in Gefahr zu rutschen. Sie wies ihn darauf hin, daß dies offenbar etwas über seine Beziehung zu ihr ausdrücke: Wie er nur eine lose Verbindung zu dem herstellen wolle, was sie sage; wenn er mit ihr spräche, so würde das seine Bindung an sie verstärken, und dies mache vielleicht alles nur schwieriger, wenn sie sich am Ende der Stunde trennen müßten. Jetzt unterbrach er sein Spiel, wandte sich ihr zu und sagte: „Unser Au-pair-Mädchen Sophie geht am Zehnten weg." Sie sagte: „Oh, und wie findest du das?" Er antwortete: „Naja, es ist in Ordnung, weil eine Neue kommt und die Alte ersetzt, ich merke es also gar nicht." Er schwieg einen Moment nachdenklich und fügte hinzu: „Wir hatten viele – zehn", und sie stimmte ihm zu, daß das für einen Jungen von acht wirklich viele seien.

Jetzt begann er wieder zu spielen und machte weitere lose Verbindungen zwischen den Schnurenden; allerdings band er ein Stück Schnur ein wenig fester um zwei niedrige Schränke im Zimmer. Sie sagte, seiner Ansicht nach sei es am besten, wie bisher weiterzumachen und nichts festzubinden, denn es sei einfacher, Ersatz zu schaffen; aber sie bemerke, daß das neue Stück Schnur fester gebunden zu sein scheine, und sie habe die Vermutung, daß ihr Miteinander-Sprechen ihre Beziehung gefestigt habe. Während sie sprach, warf er ein paar Stücke Bindfaden über die Leine, die er gerade gespannt hatte, mit Bewegungen, die sachkundig und geschäftsmäßig wirkten. Sie sagte, er zeige ihr jetzt, wie Sophie ihn versorgt habe, wie sie seine Kleider gewaschen und auf die Leine gehängt habe. Da er fortfuhr, sich mit seiner Wäscheleine zu beschäftigen und Kleider zum Trocknen darüber zu werfen, sagte sie, er wolle sie dringend ganz schnell ersetzen, damit er nicht traurig werden müsse, daß sie gehe. Er schien überhaupt nicht darauf zu achten, was sie sagte, aber dann verlor er leicht die Balance und stieß sich den Kopf an der Wand, fing sich aber schnell, um sie nicht merken zu lassen, daß er die Fassung verloren und sich wehgetan hatte. Sie zeigte ihm, wie ihn der Gedanke, Sophie zu verlieren, durcheinanderbrachte und schmerzte. Er sagte, Sophie habe ihn sehr gut versorgt.

Dann begann er, mit den Lastwagen herumzuspielen, tat sie auf einen kleinen Haufen und häufte alle Fäden darüber. Dann zog er die Lastwagen unter den Fäden hervor und tat sie oben auf ein Regal. Danach fegte er alle Lastwagen vom Regal herunter auf den Fußboden. Sie sagte, sie denke, er zeige ihr, daß er mit einem Netz fische und die Fische, die er gefangen habe, zurück ins Wasser werfe. Er war sehr angetan und aufgeregt, weil sie ihn verstanden hatte, und begann ihr sofort zu erzählen, wie er während der Ferien in Italien mit seinem Vater fischen gegangen war. Wenn sie die Fische gefangen hatten, mußte er sie ins Wasser zurückwerfen. Er erklärte, es wäre zu teuer gewesen, sie zu behalten, weil sie für die Fische, die sie fingen und behielten, bezahlen mußten. Sie war neugierig, ob die Fische noch lebten, wenn sie zurückgeworfen wurden, und deshalb fragte sie, ob die Fische weggeschwommen seien. Er antwortete: „O nein, sie waren halbtot." Sie deutete, er fühle sich „halbtot", wenn er denke, sie werfe ihn weg, wenn sie Ferien mache. Nach einiger Zeit sagte er, ein paar von ihnen seien vielleicht noch lebendig und hätten wegschwimmen können, wenn sie nur halbtot gewesen seien. Sie deutete dann auch, daß er das Gefühl habe, es sei zu teuer und schmerzlich, an Sophie zu denken und an die Analytikerin, die beide weggehen würden, und daß er auch deshalb seine Gefühle wegschmeiße und die Worte, die sie ausdrückten. Aber er sei auch froh, daß ihr Miteinander-Sprechen seine Gefühle lebendig gemacht habe. An dieser Stelle wurde er etwas ängstlich, und sie deutete, daß er jetzt sofort Angst bekommen habe, daß er traurig werde, wenn er jemanden verliere.

Es entstand eine lange, ruhige Pause, und der Junge saß eine Weile nachdenklich da. Dann begann er auf eine Weise zu spielen, wie sie es in letzter Zeit ziemlich oft beobachtet hatte: Er ließ seine Autos über kleine Hügel im Teppich flitzen, auf dem er saß. Sie riskierte zu sagen, er habe an seine Ferien in Italien gedacht, weil Sophie von dort komme, und er erwiderte sofort, daß sie Schweizerin sei, aber daß die Schweiz an Italien grenze. Ihr wurde dadurch klar, daß er schon ziemlich lange mit Sophies Weggang beschäftigt war, und sie sprach die Vermutung aus, sein über die Hügel-Sausen stelle Skilaufen dar. Zunächst widersprach er und sagte, er sei nie Ski gelaufen und denke nicht darüber nach, aber als die Analytikerin später äußerte, er habe vielleicht im Fernsehen die Sendung „Skilaufen am Sonntag" gesehen, sagte er, ja, er habe sie sehr oft mit Sophie zusammen angesehen; Sophie laufe gern Ski. Er sagte voller Wärme, daß sie sehr nett sei, und sie unterhielten sich lange über die Schweiz. Sie deutete, daß er sich vorstellte, sie würde ihn zum Skilaufen mitnehmen.

Während er sprach, sammelte er seine Autos ein, und dann veränderte sich seine Stimmung, er begann, heftig mit ihnen gegen die Zimmerwand zu fahren. Sie sagte, er sei sehr böse auf Sophie, weil sie ohne ihn weggehe, und auf sie, die Analytikerin, ebenfalls, weil sie bald in ihr Wochenende gehen werde, ohne ihn mitzunehmen. Das Wochenende erscheine ihm wie ein kalter, verschneiter Ort. Er sei besonders böse, weil die Tatsache, daß er mit ihr gesprochen habe, eine gefährliche Verbindung zwischen ihnen geschaffen habe, die es ihm nicht mehr so leicht mache, so zu tun, als sei sie ein neues Au-pair-Mädchen – wie eine neue Analytikerin am Montag. Der Patient hörte abrupt auf mit dem, was er gerade tat, und drehte der Analytikerin den Rücken zu. Plötzlich hörte sie seine Armbanduhr klingeln und fragte ihn, warum er, der doch so ein pünktlicher Junge sei, seinen Wecker auf 3 Minuten vor dem Ende der Stunde gestellt habe und nicht auf das Ende wie sonst. Er antwortete, er sei aus Versehen losgegangen, er habe ihn auf zehn Minuten später stellen wollen, auf die Zeit nämlich, zu der er zu Hause ankommen würde. Die Analytikerin sagte, er habe Angst, weil er böse auf Sophie gewesen sei, und deshalb wolle er sie dringend sehen, um sich zu vergewissern, ob es ihr gut gehe. Sie wies ihn außerdem darauf hin, daß es ihn ängstige, den Weg vom Behandlungszimmer bis nach Hause überbrücken zu müssen, ebenso wie der Abstand von Freitag bis Montag eine gefährliche Lücke schaffe.

Für mich war so auffallend und bewegend, wie dieser kleine Junge frei und bedeutungsvoll zu assoziieren begann, als ihm ermöglicht wurde, seine Depression, seinen Ärger und seine Traurigkeit über die Abschiede zu erleben. Ich glaube, er durchlebte dabei von neuem das Entstehen der Sprache, das zum Durcharbeitungsprozeß der depressiven Postion gehört.

Ich halte es auch für bedeutsam, daß praktisch seine erste freie Assoziation am Freitag (in der Mittwoch-Stunde hatte er von der Ankunft seiner Großeltern gesprochen, die im Unterschied zu seinen richtigen Eltern ein wirklich verheiratetes Paar sind) ihn zu dem Ausflug zum Fischen mit seinem Vater führte. Obwohl es im eigentlichen Material um den Verlust des Mädchens geht, das die Mutter und die Mutter-Analytikerin repräsentiert, halte ich es für wesentlich, daß dies in Gegenwart des Vaters und der „Vater-Analytikerin" geschieht. In dem

Traum meines Patienten C., der davon träumte, in ein Auto hineinzufallen, ist die Gegenwart des Vaters nötig, um die unkontrollierbare projektive Identifizierung in der Beziehung zur Mutter zu bremsen.

Im Material des kleinen Jungen scheint die Gegenwart des verheirateten Paares und der hilfreichen Vater-Analytikerin ihm zu ermöglichen, sich dem Problem der Trauer in der Beziehung zu seiner Mutter zuzuwenden. Es ist ein bedeutsamer Aspekt der depressiven Position, daß die Anerkennung der Mutter als getrennter Person zugleich die Anerkennung des Vaters als ihres Partners bedeutet, nicht als eines Teil-Objekts, das als ihr Besitz erlebt wird, oder als ein Objekt, das mit ihr verschmolzen ist, wie in der Phantasie der vereinigten Eltern.

Die fundamentale Rolle, die zunächst der väterliche Penis und dann der Vater selber für den Beginn der Sprachentwicklung spielen, ist insbesondere von Lacan erkannt worden. Seine Erklärung dafür lautet allerdings völlig anders als meine. Ich halte es für eine der wichtigen Funktionen des Vaters, daß er als Objekt erlebt wird, das der Flut gegenseitiger projektiver Identifizierungen zwischen Kind und Mutter Einhalt gebietet. Wenn die depressiven Prozesse in Gang gesetzt werden, erwirbt das Kind die Fähigkeit, den Vater als getrenntes Objekt zu erkennen, und dieses Objekt wird dann seinerseits zu einem notwendigen Faktor für die weitere Entwicklung der depressiven Position.

Die Veränderungen im Charakter der Symbolbildung bewirken auch eine Weiterentwicklung in der Art, wie die inneren Objekte erlebt werden. Ich finde, die Erfahrung des Patienten C. bei seiner Hochzeit zeigt dies sehr schön. Er ist sich gleichzeitig bewußt, daß er seinen Vater als reales äußeres Objekt verloren hat und daß er einen Vater als inneres Objekt wiedergefunden hat, wobei dies innere Objekt nicht konkret ist wie bei der pathologischen Trauer; er ist sich sehr klar darüber, daß er ihn, wie er sagte, *in seinen Gedanken* wiedergefunden hat. Auch seine aggressiven Kastrationswünsche gegen den Vater hat er anerkannt, aber es ist keine Projektion der Aggression erfolgt. Der Vater bleibt hilfreich und stützend für seine Sexualität.

Die Patientin A. zeigt mit ihrer Assoziation zum Laubsäge-Puzzle ebenfalls, daß ihr bewußt ist, daß es sich dabei um einen geistigen Prozeß handelt. Wenn innere Objekte auf diese Weise erlebt werden, dann können sie in die äußere Welt projiziert werden, wie im Fall meines Patienten C. zum Beispiel in die hilfreiche Analytikerin als Vater, oder, im Fall der Patientin A. und ihres Laubsäge-Puzzles, in das Schreiben eines Buches; in diesem Buch wird sie verschiedene Elemente zusammenfügen, und dies symbolisiert das Zusammenfügen der Bruchstücke ihrer

Mutter und ihrer Familie. Außerdem wird so eine größere Vielfalt ermöglicht, weil verschiedene Aspekte des inneren Objekts mit Hilfe weiterer Ereignisse oder Gestalten in der äußeren Welt symbolisiert werden können, ohne daß darauf bestanden werden muß, daß das Objekt oder die Situation in jeder Hinsicht ein Ersatz für das verlorene Objekt sein müßte.

Money-Kyrle betont in seiner Arbeit *Success and Failure in Mental Maturation* (Erfolg und Scheitern im seelischen Reifungsprozeß) (1965), daß mit zunehmender Integration eine zunehmende Differenzierung der verschiedenen Aspekte des Objekts erfolgt, mit der eine Fähigkeit zur Verallgemeinerung einhergeht. Freud soll gesagt haben, daß jeder Mann seine Mutter heiratet, und dennoch sind einige Ehen erfolgreich und fruchtbar; andere sind pathologisch, weil die Ehefrau die Mutter ist. Ich glaube, Freud hatte recht, daß jeder Mann seine Mutter heiratet, aber ob ein solches Unternehmen gesund ist oder nicht, hängt von der Art und dem Ausmaß der Symbolisierung ab. Die Ehefrau symbolisiert und enthält vielleicht einige Aspekte der Mutter; oder aber sie ist in den Augen des Mannes die Mutter, und in diesem Fall lasten auf der Ehe alle Hemmungen und Konflikte aus der Beziehung zur Mutter.

Im Rahmen meiner Betrachtungen über Phantasie und Symbolbildung möchte ich darauf hinweisen, daß sich nicht nur der Inhalt der Phantasie, sondern auch die Ebene der symbolischen Funktionsweise weiterentwickelt. Money-Kyrle formuliert das in seiner Arbeit *Cognitive Development* (Kognitive Entwicklung) prägnant:

> Um mit solchen Beobachtungen übereinzustimmen, muß die Theorie von der Entwicklung der Konzepte erweitert werden, so daß sie nicht nur die wachsende Zahl und Reichweite der Konzepte einschließt, sondern auch die Entwicklung jedes einzelnen Konzepts über mindestens drei Stadien: Das Stadium der konkreten Repräsentanz, das genaugenommen überhaupt keine Repräsentanz ist, weil zwischen der Darstellung und dem Objekt oder der Situation, die dargestellt wird, nicht unterschieden wird; das Stadium der bildlichen Repräsentanz wie in Träumen; und das Endstadium bewußter und überwiegend verbaler Gedanken. (Money-Kyrle 1968, S. 422)

Wenn der Schritt von der konkreten zur depressiven Symbolbildung bewältigt worden ist, so ist damit auch die Grundlage für weitere Abstraktionen einschließlich der Verbalisierung entstanden.

Allerdings bedeutet das nicht, daß die Fähigkeit zu rein abstraktem Denken unbedingt ein Zeichen psychischer Gesundheit darstellt. Es kann auch das Ergebnis von Spaltungsprozessen sein, in denen der abstrakte Gedanke vollständig seiner emotionalen Bedeutung entleert ist. Tatsächlich treten bei Schizophrenen sehr oft gleichzeitig primitive konkrete Symbole und vollständige Abstraktionen auf, die keinerlei emotionale und manchmal sogar keinerlei intellektuelle Bedeutung enthalten.

Wenn eine höhere psychische Funktionsweise erreicht worden ist, so ist sie natürlich nicht für immer erreicht. Es besteht immer die Möglichkeit der Regression. Je größer der Bereich abgespaltener ungelöster psychotischer Konflikte ist, um so dramatischer kann eine solche Regression sein. Beim typischen schizophrenen Zusammenbruch in der Adoleszenz oder im frühen Erwachsenenalter führt der Druck adoleszenter Konflikte zu einer Regression, in der der Mechanismus der projektiven Identifizierung wieder massiv eingesetzt wird und gleichzeitig die Symbolbildung zusammenbricht. Die bereits erworbene Fähigkeit zu sprechen – die meiner Meinung nach notwendigerweise bedeutet, daß ein gewisser Grad depressiven Funktionierens erreicht worden ist –, wird gestört, und die Worte selber werden wie konkrete Objekte behandelt.

Eine schizophrene Jugendliche, die ich früher beschrieben habe (Segal 1957), schrieb Märchen, wenn sie sich während ihrer Adoleszenz in einer guten Phase befand. In einer schlechten Phase wurden die Märchen „lebendig", und die Gestalten, die sie erfand, verfolgten sie. Aber in weniger auffälliger Weise treten solche Regressionen bei uns allen vorübergehend auf. Patient C. griff selbst nach seiner Hochzeit und trotz allem, was sie für ihn bedeutete, noch häufig zu projektiven Identifizierungen in der Art, wie ich sie beschrieben habe, wenn auch nie mehr in dem Ausmaß, daß sie zu Halluzinationen wurden.

Und wie sieht es mit der Symbolbildung in Träumen aus? Money-Kyrle verknüpft Träume mit dem zweiten Entwicklungsstadium, das er „ideographisch" nennt. Es ließe sich einwenden, daß eine depressive Ebene des Funktionierens erreicht worden sein muß, damit überhaupt Traumbilder hergestellt werden können. Nichtsdestoweniger tritt in einigen Träumen – oder bei einigen Elementen mancher Träume – eine Regression zu konkreter Symbolbildung auf, mit allen Folgen für das Wesen und die Funktion des Traums.

4
Psychischer Raum
und Elemente der Symbolbildung

Im vorigen Kapitel habe ich meine Gedanken über die Entwicklung von der konkreten Symbolbildung zur Bildung von Symbolen im Rahmen der depressiven Position dargestellt. Meine Annahme lautete, daß konkretes Denken und konkrete Symbolisierung eine Regression zur paranoid-schizoiden Positon bedeuten. Wie Melanie Klein habe ich die Ansicht vertreten, daß übermäßige projektive Identifizierung pathologische Folgen habe. Inzwischen sind die eigentliche Pathologie der paranoid-schizoiden Position und die Unterschiede zwischen den normaleren Formen projektiver Identifikation, wie sie sogar noch vor Erreichen der depressiven Postion auftreten, und pathologischen Formen genauer erforscht worden. In seiner Arbeit zur *Differentiation of the psychotic from the non-psychotic personalities* (1957) unterscheidet Bion zwischen normalen und psychotischen Formen projektiver Identifizierung. In der normalen Entwicklung werden Teile der Persönlichkeit oder innere Objekte projiziert, die zwar abgespalten, aber nicht übermäßig fragmentiert sind; solche Projektionen können in der depressiven Position allmählich zurückgenommen und wieder als zur eigenen Person gehörig erlebt werden. Die pathologischeren Formen sind durch einen stärkeren Haß auf die Wirklichkeit und also auch auf den wahrnehmenden Teil des Ich einschließlich seines Wahrnehmungsapparates gekennzeichnet. In diesem Fall wird der verhaßte Teil des Ich in winzige Bruchstücke zersplittert und mit großer Gewalt in das Objekt projiziert, wodurch das Objekt seinerseits auf die selbe Weise gespalten wird. Das Ergebnis besteht darin, daß der Patient sich nun von „bizarren Objekten" umgeben fühlt. Solche Objekte sind winzige Bruchstücke der eigenen Persönlichkeit, die in winzigen Bruchstücken des Objekts enthalten und mit extremer Feindseligkeit getränkt sind. Bei Psychotikern lassen sich solche bizarren inneren Objekte leicht erkennen, aber sie können sich auch in einem abgespaltenen inneren Teil von nicht-psychotischen Personen befinden, insbesondere bei schwerkranken Neurotikern. Wenn es sich um eine normalere Art der Spaltung und projektiven Identifizierung handelt, werden Projektionen allmählich zurückgenommen und können integriert werden. Bizarre Objekte aber können nicht so einfach zurückgenommen werden, und die

Errichtung der depressiven Position ist aufs schwerste behindert. Während die ideale und die böse Brust und die guten und die schlechten Teile des Selbst integriert werden können, können bizarre Objekte das nicht; sie können höchstens zusammengeballt werden. (Solche Zusammenballungen bilden meiner Ansicht nach die Wurzel der Phobie vor Menschenmengen.)

Bion erweiterte seine Überlegungen zum Schicksal der projektiven Identifizierung zu einer Theorie der Entwicklung des psychischen Apparats; als Grundlage dieser Entwicklung sieht er das Wechselspiel zwischen „contained und container" an, zwischen dem Behälter und dem von ihm Aufgenommenen. Am Anfang des Lebens versucht jeder Säugling, mit seinen Schmerzen und Bedürfnissen dadurch fertigzuwerden, daß er sie in ein Objekt hineinprojiziert. In dieser Zeit hat die projektive Identifizierung das Übergewicht. Was Freud beim normalen Säugling als „motorische Entladung" beschreibt, verstehe ich als Ausdruck heftiger projektiver Identifizierungen.

Ich hatte einen Patienten, der mit seinem Hunger dadurch fertigwurde, daß er seinen Darm entleerte, und der eine ausgefeilte Theorie hatte, um zu belegen, warum er glaubte, solch eine Lösung könne funktionieren. Wenn aber Bedürfnisse, Schmerz oder Haß ständig in das Objekt hineinprojiziert werden und dieses dann mit solchen Projektionen identifiziert wird, dann führt das zur Entstehung böser und zerstückelter Objekte. Dies wiederum führt dann entweder zur Re-Introjektion eines solchen Objekts, was die Fragmentierung des eigenen Selbst verstärkt, oder zu dem Versuch, jegliches Introjizieren überhaupt zu blockieren. Wir sind immer davon ausgegangen, daß eine gute Erfahrung die Wahrnehmung vom Objekt und vom eigenen Selbst modifizieren kann. Die Frage ist nun: Was macht eine solche gute Erfahrung aus? Nach Bion bedeutet eine gute Erfahrung für den Säugling, daß das aufnehmende Objekt den Teil, den es über die Projektion empfangen hat, auf irgendeine Weise modifiziert. Bion beschreibt, wie das Verweilen in der Brust die projizierten Teile erträglicher zu machen scheint.

> Melanie Klein hat einen Aspekt der projektiven Identifizierung beschrieben, der sich auf die Modifikation infantiler Ängste bezieht; das Kind projiziert einen Teil seiner Psyche, nämlich seine schlechten Gefühle, in eine gute Brust. Von dort werden sie zum geeigneten Zeitpunkt zurückgeholt und reintrojiziert. Während ihres Verweilens in der guten Brust sind sie derart verändert worden – jedenfalls er-

lebt das Kind sie so –, daß das Objekt, das re-introjiziert wird, für die Psyche des Kindes erträglich geworden ist.

(Bion 1962, S. 90, dt. S. 146)

Ein Vorläufer dieses Gedankens, daß der projizierte Teil durch die Aktivität des Behälters modifiziert wird, war bereits in Stracheys 1934 formuliertem Konzept der „mutativen Deutung" enthalten. Strachey sagt, daß die Strenge des Über-Ich, das in den Analytiker projiziert wird, vom Verständnis des Analytikers modifiziert wird, so daß seine Strenge sich verringert und es in gütigerer Gestalt reintrojiziert werden kann. Bion allerdings geht in diesen Überlegungen sehr viel weiter. Ihm zufolge ist das Kind während der ersten primitiven Entwicklungsstadien angefüllt mit unbearbeiteten Wahrnehmungen, Objekten und Gefühlen. In *Elements of Psychoanalysis* (Elemente der Psychoanalyse) beschreibt er das folgendermaßen:

> Der Säugling leidet unter nagendem Hunger und hat das Gefühl, er stirbt; er wird von Schuld und Angst gepeinigt und von Gier getrieben, er beschmutzt sich und schreit. Die Mutter nimmt ihn auf, füttert ihn und tröstet ihn, und schließlich schläft der Säugling ein. Wenn wir dieses Modell so umformen, daß es die Gefühle des Säuglings darstellt, so kommen wir zu folgender Version: Der Säugling, angefüllt mit schmerzhaften Kotklumpen, mit Todesängsten, Batzen von Gier, Bösartigkeit und Urin, leert diese schlechten Objekte aus sich hinaus in die Brust, die nicht da ist. Währenddessen verwandelt das gute Objekt die Nicht-Brust (den Mund) in eine Brust, den Kot und den Urin in Milch, die Todesängste und andere Ängste in Bestätigung und Vertrauen, die Gier und Bösartigkeit in Gefühle der Liebe und Großzügigkeit, und der Säugling saugt seine bösen Eigenschaften, die nun in gute übersetzt worden sind, wieder ein.
>
> (Bion 1964, S. 31)

Er nennt diese unbearbeiteten primitiven Elemente „Beta-Elemente". Beta-Elemente sind unbearbeitete, konkret empfundene Erfahrungen, mit denen man nur fertigwerden kann, indem man sie ausstößt. Sie sind wie eine sehr primitive Form dessen, was ich „konkrete symbolische Gleichsetzung" nenne. Wenn solche Beta-Elemente in die Brust hineinprojiziert worden sind, werden sie durch das mütterliche Verstehen modifiziert und in das verwandelt, was Bion „Alpha-Elemente" nennt. Während die Beta-Elemente als konkrete Dinge erlebt werden, die nur ausgestoßen werden können, so eignen sich im Gegensatz dazu die Alpha-Elemente zur Aufbewahrung in der Erinnerung, zu Verstehen, Symbolisierung und weiterer Entwicklung. Sie stellen die Elemente dar, die als Symbole gebraucht werden können, wie sie für die depressive Position charakteristisch sind. Wenn es einen guten Austausch zwischen dem Säugling und der Brust gibt, dann re-introjiziert der Säugling nicht nur seine eigenen Projektionen, die erträglicher gemacht worden sind, sondern er introjiziert außerdem die Behälter-Brust und ihre Fähigkeit, die Alpha-Funktion auszuführen; die mütterliche Fähigkeit, die Angst zu ertragen, die vom Säugling in sie hineinprojiziert worden ist, ist für diesen Austausch entscheidend. Wenn der Säugling die Brust als Behälter introjiziert, der das bewältigen kann, was Bion die Alpha-Funktion nennt, nämlich Beta-Elemente in Alpha-Elemente zu verwandeln, dann ist dies zugleich ein Behälter, der die Angst ausreichend ertragen kann, sodaß die Beta-Elemente nicht als so qualvoll empfunden werden, daß sie umgehend ausgestoßen werden müßten, um Entlastung zu schaffen. Die Identifizierung mit einem guten Behälter, der in der Lage ist, die Alpha-Funktion auszuführen, ist die Grundlage einer gesunden psychischen Ausrüstung.

Vielleicht klingt das ziemlich abstrus. Wenn man aber einmal darauf aufmerksam geworden ist, dann kann man es in den Sitzungen beobachten, und seine klinische Relevanz ist enorm. Ich möchte das an einigen einfachen klinischen Beispielen zeigen. Ich habe dieses Material in anderem Zusammenhang dargestellt[1], aber ich zitiere es hier, um die Transformation von Beta- in Alpha-Elemente zu illustrieren.

Die Mutter der Patientin D. wurde schwanger, als die Patientin erst vier Monate alt war. Nach der Geburt des nächsten Geschwisters drehte das kleine Mädchen das Gesicht zur Wand und seinen Rücken der Mutter zu, und über ziemlich lange Zeit nahm es zu seiner Mutter überhaupt keinen Kontakt auf. Später, während seiner Kindheit, hatte es mutistische Phasen, wenn auch nicht sehr lange. Die Patientin ist nicht psychotisch, aber ein abgespaltener psychotischer Kern behinderte in vielerlei Hinsicht ihre Entwicklung.

---

[1] Die Patientin wurde beschrieben in der Arbeit *Early infantile development as reflected in the psychoanalytical process: steps in integration* (Segal 1982).

74

Zwei Wochen vor dem Traum, den ich berichten möchte, traf sie mich zufällig außerhalb des Behandlungszimmers im Gespräch mit einer jungen Frau, die sie in ihrem Inneren mit ihrer Schwester in Zusammenhang brachte. Während dieser vierzehn Tage fühlte sie sich verfolgt und sehr verstört, und die Art ihres Assoziierens unterschied sich völlig von ihrer üblichen. Das Material, das sie brachte, war fragmentiert, unzusammenhängend, manchmal ohne Sinn, und sie schleuderte es mir auf feindselige, provokative und den Zusammenhang zerreißende Weise entgegen, so daß es fast unmöglich für mich war, nachzudenken. Ihre Mitteilungen waren verbaler und averbaler Natur, aber sie gebrauchte ihre Worte wie Geschosse; die Analytikerin hatte nicht das Gefühl, eine sinnvolle Mitteilung zu empfangen, sondern als würde sie ganz konkret bombardiert – die Art von Verhalten, das Bion als „Schirm von Beta-Elementen" bezeichnet. Dennoch gelang es mir, etwas Kontakt zu ihr herzustellen, weil ich ihre Not und die Wut spürte, die die Begegnung in ihr ausgelöst hatte, und diese Gefühle mit ihrer präverbalen Erfahrung der Schwangerschaft ihrer Mutter verknüpfen konnte.

Nach zwei Wochen kam sie eines Tages in deutlich veränderter Stimmung und berichtete den folgenden Traum:

Sie träumte, sie sei in einer Stunde und habe mir eine Klage gebracht. ‚Ich meine, ich habe nicht darüber geredet, sondern ich habe sie richtig in die Stunde mitgebracht. Die Klage bestand darin, daß ich aus dem Inneren meines Körpers alles mögliche Zeug um mich verbreitete, kleine Tiere, vielleicht Kaninchen, bizarre Stücke, die vielleicht mehr mit Kot zu tun hatten. Ich dachte (in der Traumstunde), die Kaninchen könnten Babys sein, aber nein, sie waren zu bizarr. Ich hatte schreckliche Angst, und ich hatte das Gefühl, in Stücke zu fallen. Sie fingen an, zu erklären, was los war, aber Sie vermittelten mir, daß das nicht in Worte gefaßt werden könne. Sie malten für mich einen Hintergrund und ein paar Gestalten. Ich fragte mich, was von beiden wichtiger sei, der Hintergrund oder die Gestalten. Die Gestalten wurden zu meinen Eltern. Als das klar wurde, bewarf ich sie mit den Stücken, und sie – die Stücke – wurden zu Tupfen. Ich überlegte, ob das ein Angriff sei, und ich dachte, ja, wahrscheinlich ist es einer. Dann sagen Sie: Aber die Tupfen sind auch Tränen. Ich fühle mich ungeheuer bewegt und habe überhaupt keine Angst mehr, und das ist die erste klare Mitteilung in Worten in diesem Traum.'

Ich werde nicht auf ihre Assoziationen eingehen, obwohl sie sehr wichtig waren und mir eine Reihe von Verknüpfungen ermöglichten; dennoch möchte ich mich hier ganz auf den Aspekt von Behälter und Aufzunehmendem konzentrieren. Ich glaube, die Erfahrung, die sie mir während der zwei Wochen vermittelte, entsprach der eines Säuglings, der sich der Möglichkeit zu normaler projektiver Identifizierung beraubt fühlt, weil in seiner Wahrnehmung das Innere der Mutter bereits mit dem nächsten Säugling angefüllt war und die projektive Identifizierung dadurch verhindert wurde. Voller Angst und Haß versucht sie, Beta-Elemente in mich, die schwangere Mutter, hineinzuprojizieren, aber sie erlebt mich, als wehre ich mich dagegen, als prallten sie unmodifiziert ab, und sie fühlt sich von dem, was ich sage, verfolgt, weil sie es so erlebt, als kämen feindliche Beta-Element-Bruchstücke zu ihr zurück. Allmählich aber, als sie merkt, daß ich unter dem Bombardement weder zusammenbreche noch mich an ihr räche oder mich ihr verschließe, fängt sie an zu spüren, daß sie verstanden wird; ihr Erleben verändert sich, wie sie in ihrem Traum zeigt. Die konkreten Klagen, die Stücke, die aus ihr herausfallen, werden zu Gedanken und Gefühlen, die in Worte gefaßt werden könnten. Aber zunächst müssen dafür von mir Worte zur Verfügung gestellt werden. Später stellte sich außerdem heraus, daß meine Zeichnung im Traum eingerahmt war und daß der Rahmen den psychoanalytischen Rahmen repräsentierte. Die Erfahrung, die der Traum beschreibt, ist ein wohltuender Austausch zwischen dem Behälter und dem, was er aufnimmt; er bewirkt die Verwandlung der Beta-Elemente in Alpha-Elemente und zugleich eine Bewegung von der paranoid-schizoiden in Richtung auf die depressive Position.

Das psychoanalytische Setting, zu dem die Regelmäßigkeit von Zeit und Raum, die stützende Couch usw. gehören, ist einer der Faktoren, die diesen Vorgang des Aufnehmens (containment) ermöglichen. Aber der entscheidende Faktor ist das Verstehen des Analytikers. Erst wenn der Patient sich verstanden fühlt, erlebt er, daß das, was er in den Analytiker hineinprojiziert hat, in dessen Innerem verarbeitet werden kann. Er kann sich dann in dessen Innerem aufgehoben fühlen. Wenn dieser gutartige Austausch aus äußeren oder inneren Gründen nicht stattfindet, dann tritt an seine Stelle eine Beziehung zwischen dem Behälter und dem Aufzunehmenden, die für beide Seiten zerstörerisch oder ausbeuterisch ist.

Ich erinnere mich an eine Erfahrung ganz am Anfang meiner psychoanalytischen Arbeit, die aus irgendeinem Grund in mir sehr lebendig geblieben ist. Ein Kollege, der mit einer älteren psychotischen Frau arbeitete, bat mich, sie an einem Sonntag zu besuchen, um in der Zeit zwischen ihren Stunden die „Stellung zu halten". Sie war besessen von einer Kindheitserfahrung und erzählte mir endlos und immer und immer wieder davon. Ein grausamer Gärtner habe eine gräßliche Ratte in einer furchtbaren Falle voller Zähne gefangen. Außerdem hasse sie ihren Analytiker, Dr. R., und wolle ihn nie wieder sehen. Ich versuchte, mit ihr darüber zu sprechen, daß sie sich in ihrer Analyse gefangen fühle, und sie sagte, ja, Dr. R. sei der grausame Gärtner mit der Falle. Aber als ich sagte, dann fühle sie sich also wie eine Ratte in der Falle, entgegnete sie sofort, Dr. R. sei die Ratte. Von welcher Seite ich es auch zu sehen versuchte, ich konnte keinen Kontakt zu ihr herstellen. Heute würde ich zumindest theoretisch verstanden haben, daß sie mir sagte, die einzig mögliche Beziehung zwischen dem Behälter und dem, was er aufnehme, könne gegenseitige Grausamkeit und Zerstörung sein. Ich hätte vielleicht gesagt, die einzige Weise, in der sie sich eine Begegnung zwischen Dr. R. oder mir und ihr vorstellen könne, sei, daß wir uns gegenseitig angriffen.

Wir begegnen häufig Patienten, sogar nicht-psychotischen Patienten, die jede Begegnung als zerstörerisch für beide Seiten erleben. Ich glaube, das Auftauchen bizarrer Objekte, wie Bion sie beschrieben hat, gehört zu dieser verbreiteten Kategorie von Beziehungen zwischen Behälter und Aufgenommenem. In diesem Fall ist der Behälter selbst gespalten, und der Säugling oder der Patient erleben nicht, daß die fragmentierten Projektionen von einem Behälter aufgenommen werden, der sie und die Angst, die sie auslösen, ertragen und die Stücke zusammenfügen kann, sondern die Bruchstücke des Behälters werden selbst zu Verfolgern. Klaustrophobe und agoraphobe Ängste, wie wir sie häufig bei Borderline-Patienten sehen, lassen sich oft auf eine schlechte Beziehung zwischen dem Behälter und dem Aufzunehmenden zurückführen. Der Patient sehnt sich danach, sich im Innern eines Raumes oder eines Ortes zu befinden, der die Mutter repräsentiert, aber ein schlechter Behälter wird erlebt, als habe er selber die projizierten Eigenschaften, nämlich Gier, Neid oder Grausamkeit; die klaustrophobe Angst treibt den Patienten nach draußen, wo er dann mit agoraphoben Ängsten zu tun bekommt, ins Leere zu fallen – nicht aufgenommen zu sein und sich aufzulösen.

Schlechte Beziehungen zwischen dem Behälter und dem Aufgenommenen können mit einer ungenügenden mütterlichen Reaktion zu tun haben, oder aber die Gründe können mehr beim Kind selbst liegen. Das Versagen der Mutter kann in ihrer Unfähigkeit liegen, die Projektionen des Säuglings zu ertragen. Ihre Reaktion kann feindselig sein, sie kann selbst in Stücke zerfallen, oder sie kann sich den Projektionen überhaupt verschließen. Wenn eine Mutter so empfunden wird, als blocke sie Projektionen ab, so gehört das manchmal zu demselben Muster wie das Empfinden, sie zerfalle in Stücke.

Meine Patientin E. war hart und spröde. Manchmal erschien sie so voller Abwehr und behandelte andere so hart, daß nichts sie treffen konnte; dann wieder brach sie unter scheinbar geringfügigen Provokationen zusammen und hatte das Gefühl, sich aufzulösen. Außerdem litt sie unter starken Denkhemmungen. Oft dachte sie, sie sei schwachsinnig. Einmal kam sie sehr unglücklich in die Stunde, weil sie bei der Arbeit für ihre Unaufmerksamkeit einen leichten Tadel erhalten hatte. Ihr Chef hatte zu ihr gesagt, sie sei so geistesabwesend, daß es manchmal aussehe, als habe sie in ihrem Inneren keinen Raum für irgend etwas, das mit ihrer Arbeit zu tun habe. Dann fügte sie sehr gequält hinzu, so gehe es ihr auch bei ihren Kindern. Während sie auf ihren kleinen Jungen aufpaßte, kletterte er auf eine Leiter und fiel herunter, und es war, als ob sie gar nicht dagewesen sei, als ob sie – „in den Worten meines Chefs", sagte sie – „keinen Raum für ihn in meinem Inneren" habe. Sie kann auch nicht lange mit ihnen spielen, dann hat sie das Gefühl, als drängten sie sich in sie hinein. Wir haben oft erlebt, wie sie sich von jeder Erwartung verfolgt fühlt, wenn sie so zurückgezogen ist. In der nächsten Stunde beklagte sie sich bitter darüber, daß es in der Nähe meiner Praxis keine Parkmöglichkeiten gebe. Außerdem war sie sehr damit beschäftigt, daß ich vor kurzem abgenommen hatte. Sie glaubte, ich sei herzkrank. Später wurde deutlich, daß sie Angst davor hatte, mir irgend etwas Schmerzhaftes oder Schokkierendes zu erzählen, weil ich einen Herzanfall bekommen könnte. Dies stand im Gegensatz zu ihrer sonstigen Überzeugung, daß ich vollkommen unverletzbar sei. Sie sagte mir, ihr sei diese Überzeugung von meiner Unverletzbarkeit wichtig, und nur sie ermögliche ihr, zur Analyse zu kommen, weil sie mich nicht als so zerbrechlich wie ihre Mutter erlebe. Aber widerstrebend stimmte sie meiner Bemerkung zu, daß diese vollkommene Unverletzbarkeit für sie auch bedeute, daß sie das Gefühl habe, mit dem Kopf gegen eine Mauer zu schlagen, wenn sie mir etwas erzähle, so, als ob es in meinem Inneren keinen Parkraum gebe, in den ich ihre Sorgen hineinnehmen und etwas davon fühlen könne. Dennoch müsse sie die Vorstellung von meiner Unverletzlichkeit aufrechterhalten, denn die Alternative sei, daß ich, wenn sie mein Herz erreiche, kollabieren würde und mich das umbringen könne. Mir schien, daß viele ihrer Mitteilungen aus den vorangegangenen Stunden – ihr eigenes Hin und Her zwischen extremer Härte und von Verfolgungsgefühlen ausgelöstem totalen Zusammenbruch und Auseinanderfallen – auf der Identifikation mit einer Mutter beruhte, die sie als narzißtisch erlebte, als unfähig, Forderungen, Kritik oder Aggression zu ertragen, zugleich aber als extrem verletzbar. Meine Patientin glaubte, es gehe vor allem um Schuld, die ihre Mutter nicht ertragen konnte, und sie glaubt, daß ich vor allem nicht ertragen kann, wenn ich als ihre Analytikerin versage – und dennoch ist es genau dies, was sie mir schonungslos zumutet. Wäre ich nicht unverletzbar, ich würde ohne Zweifel zusammenbrechen und sterben.

In die nächste Stunde kam sie sehr früh und klingelte falsch (Patienten sollen zweimal klingeln). Als sie ins Behandlungszimmer kam, war sie beunruhigt, weil sie so zudringlich gewesen war, denn sie war die erste Patientin am Morgen und hatte falsch geklingelt; aber sie war bei weitem nicht so ängstlich wie früher. Und sie sagte mit großer Befriedigung, weil sie so früh gekommen sei, habe sie eine Menge Platz zum Parken gefunden. Mir schien, daß die gestrige Analysestunde ihr ein Gefühl vermittelt hatte, als könne ich ihr vielleicht doch einen Parkplatz für ihre Zudringlichkeiten geben, ohne sie entweder abzuweisen oder zusammenzubrechen (sie konnte wirklich extrem zudringlich sein). In diesem Material drückt E. ihre eigenen Kindheitserfahrungen aus, aber sie ist auch mit ihrer Mutter identifiziert und drückt die Verfassung einer Mutter aus, die unfähig ist, die Projektionen des Kindes zu ertragen.

Immer, wenn die Projektionen des Kindes keine angemessene Reaktion erfahren, werden sie, wenn sie zurückkommen, als noch schlimmer und nicht als erträglicher empfunden. In den meisten Fällen tragen sowohl äußere als auch innere Faktoren zu einer fehlerhaften Entwicklung bei. Was das Kind betrifft, so kommen die Störungen von übermäßigem Neid. Das Kind kann seine Abhängigkeit, von der Mutter in ihr Inneres aufgenommen zu werden, nicht ertragen und zerstört sie in seinem Inneren, was auf den ersten Blick nicht viel anders wirkt als tatsächliches mütterliches Versagen. Wenn E. erlebte, daß ich die unterschiedlichen Verfassungen, die sie in mir auslösen konnte, ertragen und verstehen und sie ihr auf eine Weise deuten konnte, die ihr das Gefühl gab, von mir aufgenommen zu sein, empfand sie zunächst häufig große Erleichterung und Besserung; es folgten dann aber prompt neidische Angriffe, mit denen sie die geleistete Arbeit weitgehend wieder zunichte machte.

Das Verständnis dieses Phänomens hat sehr große klinische und theoretische Auswirkungen; ich möchte mich aber auf den Aspekt des Konzepts von der Beziehung zwischen Behälter und Aufgenommenem und zwischen Beta- und Alpha-Elementen und der Alpha-Funktion konzentrieren, der eine unmittelbare Beziehung zu meinem Thema hat, nämlich auf den Aspekt der Phantasie, der Symbolbildung und der Träume. Die Beta-Elemente, die Bion beschrieben hat, scheinen dem sehr nahezukommen, was ich konkrete symbolische Gleichsetzung genannt habe. Man könnte annehmen, daß solche Gleichsetzungen aus Beta-Elementen gebildet werden. Andererseits – und zu dieser Ansicht neige ich mehr –

könnte man denken, daß die konkreten Gleichsetzungen ein Übergangsstadium zwischen den Beta- und den Alpha-Elementen darstellen. Ich glaube, daß sie, so konkret sie auch sein mögen, doch gewisse Eigenschaften haben, die den Beta-Elementen fehlen. So sind sie z. B. nicht immer in winzige Teile zerstückelt und können deshalb leichter erkannt werden; ihre Bedeutung läßt sich leichter entdecken, und sie haben eine gewisse symbolische Bedeutung. Die Alpha-Elemente werden von Bion als Bestandteile von Traumgedanken, Mythen und Symbolen betrachtet, und ich denke, daß die Alpha-Funktion der symbolischen Funktion nahe verwandt ist. Bion bezeichnet Beta-Elemente als „abgesättigt"; Alpha-Elemente dagegen sind „ungesättigt". Sie lassen sich auf verschiedene Weise „realisieren", wie Bion es nennt, sie lassen sich an der Realität überprüfen und deshalb auf viele und unterschiedliche Weise transformieren (weshalb es für ein Objekt oder eine Eigenschaft viele Symbole geben und umgekehrt ein Symbol viele Bedeutungen haben kann). Sie eignen sich außerdem für Generalisierungen, Abstraktionen und Differenzierungen, ein Thema, das von Money-Kyrle (1968) in seinem Aufsatz *On cognitive development* bearbeitet wurde.

Ich habe die Bewegung von der konkreten Symbolbildung hin zum eigentlichen Symbol zu der Bewegung zwischen der paranoid-schizoiden und der depressiven Position in Beziehung gesetzt. Bion untersucht die Frage, ob die Bewegung von Beta nach Alpha der depressiven Position vorausgeht oder ob sie das Ergebnis der Verschiebung ist. Einerseits ließe sich sagen, daß ein psychischer Apparat vom Alpha-Funktions-Typ vorhanden sein muß, um die depressive Position ertragen zu können. Auf der anderen Seite könnte man argumentieren, daß die Alpha-Elemente außerhalb der depressiven Position nicht gebildet werden können. Bion spricht bei normaler projektiver Identifizierung von einem gutartigen Austausch. Allerdings muß man bedenken, daß der Anteil der *Identifizierung* an der projektiven Identifizierung einen solchen gutartigen Austausch, wie er ihn beschreibt, verhindert. Wenn der Container mit dem projizierten Anteil vollkommen gleichgesetzt wird, dann verschwindet er. Die Ursachen für eine völlige Identifizierung zwischen Container und Aufzunehmenden sind vermutlich Neid und das Unvermögen, die Abhängigkeit vom Container zu ertragen; eine vollständige Identifizierung schließt die Erfahrung, sich aufgenommen zu fühlen, aus. Das war sehr häufig bei der Patientin. E. der Fall. Nach einer guten Erfahrung mit mir konnte sie eine Zeitlang eine vollkommen tolerante Mutter werden, aber jede Verbindung mit mir verschwand dann, und bald darauf brach die Identifizierung zusammen. Mir scheint – und ich glaube, dies ist eine Ansicht, zu der

Bion neigt –, daß die Bewegung von Beta zu Alpha und von der paranoid-schizoiden zur depressiven Position miteinander verbundene Phänomene darstellen, die sich gegenseitig bedingen. Ein gewisses Maß an depressiver Abhängigkeit muß anerkannt werden, um überhaupt die Erfahrung machen zu können, daß man in den Container aufgenommen wird, aber die Internalisierung dieser Erfahrung erleichtert wiederum das Ertragen depressiver Ängste. So ist die Bildung von Alpha-Elementen und schließlich von richtigen Symbolen wesentlicher Bestandteil der Entwicklung in der depressiven Position.

Bion betrachtet gesondert, was er die Bildung des „psychischen Apparates" nennt, die er mit der Beziehung zwischen Container und Aufgenommenem und mit der Entstehung von Gedanken verknüpft, mit denen dieser Apparat umgehen muß. Er stellt einen Zusammenhang her zwischen Gedanken und der Fähigkeit, Abwesenheit zu erkennen und erleben – so wie ich es bei der Symbolbildung getan habe. Anfangs wird das Fehlen der Brust im Inneren als böse Brust empfunden – daher kam die Überzeugung meines Patienten, er könne durch Stuhlgang seinen Hunger loswerden. Erst wenn der Säugling die Abwesenheit des Objektes erkennen kann, kann er entweder symbolisieren oder denken. Bion bringt es 1970 auf die knappe Formel: „Keine Brust – deshalb ein Gedanke". Um jedoch zu solch einer Erfahrung fähig zu sein, muß es im Inneren einen Anteil geben, der die Angst um das fehlende Objekt, die „Nicht-Brust", aufnehmen kann. Die Beziehung zwischen Container und Aufzunehmenden muß die Erschaffung dieses Teils des psychischen Apparates in Gang gesetzt haben, ohne den selbst der Gedanke einer „Nicht-Brust" nicht gebildet werden könnte.

Bion zufolge beeinflußt die Beziehung zwischen Container und Aufzunehmendem den psychischen Apparat entscheidend. Er scheint ihn allerdings nicht mit dem Konzept vom psychischen Raum zu verknüpfen, obwohl der Container im wesentlichen ein räumliches Konzept darstellt. Ich finde es hilfreich, mir dieses Konzept auch als eine Methode vorzustellen, mit der der innere Raum gebildet wird; das Erleben unseres Inneren hat, wie Wollheim 1969 betont hat, immer eine räumliche Färbung.

Die Formulierung „innerer Raum" (psychischer Raum) wird manchmal mit Winnicotts Konzept vom „potentiellen Raum" (Winnicott 1971) verwechselt, der gelegentlich auch als „Übergangsraum" bezeichnet wird. Diese Begriffe sind sehr verschieden. Für Winnicott ist der entscheidende Raum der zwischen Mutter und Kind, der, falls die Mutter sich nicht hineindrängt, der Raum ist, in dem sich Übergangsphänomene entwickeln und der zum kulturellen Raum wird. Bions Container oder Raum entsteht aus der Interaktion von projektiver und introjektiver Identifizierung, und er ist nicht einfach nur ein neutraler Raum, sondern er ist ein aktiver Container mit der Fähigkeit, die Alpha-Funktion auszuführen. Er ist kein Raum zwischen Mutter und Kind; er ist ein innerer psychischer Raum, der durch die Introjektion einer Brust entsteht, die in der Lage ist, die projektiven Identifizierungen des Säuglings aufzunehmen und ihnen Bedeutung zu verleihen.

Bions Konzept vom Container und seinem Inhalt meint ganz präzise eine Zwei-Personen-Beziehung und geht auf die früheste Beziehung zwischen dem Säugling und der Brust zurück. Wenn wir allerdings die Anfänge von „Keine Brust – deshalb ein Gedanke" oder die Anfänge des symbolischen Denkens in Betracht ziehen, sowie das mit der depressiven Position zusammenhängende Phänomen der Verschiebung zwischen Beta und Alpha, dann müssen wir uns fragen, welche Stellung das dritte Objekt hat. Zur depressiven Position gehört die Wahrnehmung der Mutter als ganzer Person, und das bedeutet auch, daß das Kind anfängt anzuerkennen, daß sie ein vollständiges, getrenntes, von ihm unabhängiges Leben hat, insbesondere eine Beziehung zum Vater. In seinem späteren Werk wendet sich Bion tatsächlich dem Platz des dritten Objektes zu, den es in der Beziehung zum Container und dem von ihm Aufgenommenen einnimmt.

In seiner Arbeit *Attention and Interpretation* (1970) sagt Bion: Wenn die Beziehung zwischen dem Container und dem, was er aufgenommen hat, gut ist, so läßt das ein drittes Objekt entstehen; die beiden teilen dieses dritte Objekt so miteinander, daß alle drei davon profitieren. Im Gegensatz dazu läßt eine schlechte Beziehung zwischen Container und Aufgenommenen einen Dritten entstehen, der für alle drei eine zerstörerische Wirkung entfaltet. Ich glaube, daß bei der Erschaffung eines solchen bösen Objekts auch Spaltungen eine Rolle spielen. Um die gute Beziehung zum Primär-Objekt, der Brust, zu bewahren, spaltet der Säugling den schlechten Beziehungsanteil ab und projiziert ihn in den Dritten. Ich habe einen „dritten Bereich" beschrieben (Segal 1964, S. 57), der durch diese Art von Spaltung entsteht. Im Kapitel über die Psychopathologie der paranoid-schizoiden Position berichte ich von einem Borderline-Patienten, der einmal sagte: „Hier liegt mein Kopf auf dem Kissen, und dort sind Sie in Ihrem Sessel, aber zwischen dem Ende meines Kopfes und Ihnen gibt es nichts als scheußliches blutiges Zeug." Die andere Patientin, über die ich in diesem Kapitel berichte, war eine hebephrene Schizophrene. Für diese beiden Patienten gab es einen dritten Bereich, der sowohl vom Patienten als auch vom Analytiker abgespalten war und schlechte Bruchstücke enthielt. Der Vater – oder auf primitiverer Ebene der Penis des Vaters – wird leicht zum idealen Empfänger solcher Projektionen. Mein Patient C., den ich in Kapitel 3 dieses Buches (S. 58) beschrieben habe und der unter vorübergehenden Halluzinationen litt, halluzinierte eines Tages einen Motorradfahrer, der in seinen Kopf hineinfuhr. Er hielt zu mir als Mutter eine gute Beziehung aufrecht, indem er sein feindseliges, eindringendes Selbst und meine böse Seite in ein drittes Objekt hinein abspaltete. Er hatte das Gefühl, daß er als Kind nie mit seiner Mutter in Ruhe alleinsein konnte, weil es ein aufdringliches älteres Geschwister gab, und seiner Mutter zufolge war sie auch, wenn sie ihn stillte, durch die Ansprüche des Vaters an sie gestört worden. Die Halluzination selber war die Folge eines Spaltungsprozesses, in dem die schlechte, von beiden Seiten eindringende Beziehung zwischen ihm und mir in die Halluzination hinein abgespalten worden war.

Das Auftauchen eines dritten Objekts bedeutet den Anfang der Wahrnehmung von der Existenz des Vaters im ödipalen Dreieck. R. Britton nahm eine interessante Erweiterung des Bionschen Konzepts vom Container und dem Aufgenommenen vor, indem er die Beziehung zum Vater einbezog:

> Wenn das Kind die Beziehung der Eltern untereinander anerkennt, so schafft es sich damit eine einheitliche psychische Welt, die es mit seinen beiden Eltern teilen kann und in der unterschiedliche Objektbeziehungen bestehen können. Dadurch, daß die Verbindung der Eltern untereinander anerkannt wird, schließt sich das ödipale Dreieck, und es entsteht eine Begrenzung für die innere Welt. Es wird das geschaffen, was ich einen „triangulären Raum" nenne, ein Raum nämlich, der eingefaßt wird von den drei Personen der ödipalen Situation und ihrer potentiellen Beziehungen.
>
> (Britton 1989, S. 86)

Ähnlich wie ich sieht Britton auch eine Beziehung zwischen dem Container und dem inneren (psychischen) Raum. Dieser neue Raum hat neue Eigenschaften. Er enthält drei mögliche Beziehungsarten, die die Scheitelpunkte des Dreiecks darstellen: die Beziehung zwischen Mutter und Kind, die zwischen Vater und Kind und die zwischen den Eltern, aus der das Kind ausgeschlossen ist. Jede dieser Beziehungen kann als für alle Seiten wohltuend empfunden werden, wobei der Dritte – der Ausgeschlossene – nicht unbedingt als feindselig erlebt werden muß, nicht so also wie der Vater und das Geschwister meines Patienten C.; und auch nicht so wie bei einem anderen Patienten, der träumte, *daß ein Mann* (der offensichtlich für seinen Vater stand) *in die Küche kommt, um alles Essen zu stehlen.* Diese Erweiterung des inneren Raumes ist für die Wahrnehmung unterschiedlicher Beziehungen entscheidend, solcher nämlich, die sich nicht gegenseitig ausschließen oder feindlich gesonnen sein müssen. Der Dritte kann ein objektiver und/oder wohlmeinender Beobachter werden. Dieser beobachtende Teil ist ein für das Entstehen von Einsicht und wohlwollender Neugier notwendiger Aspekt psychischen Erlebens; er bildet die Grundlage für eine konstruktive, auf Erkenntnis gerichtete Einstellung.

Zwei Träume einer Patientin aus einem fortgeschrittenen Stadium ihrer Analyse sollen einige Aspekte dieses triangulären Raumes illustrieren. Der erste Traum folgte auf eine Episode in der Übertragung. Ich fragte die Patientin K., ob sie zehn Minuten früher zur Stunde kommen könne. Sie nannte scheinbar gute Gründe, weshalb sie nicht in der Lage sei, ihren Zeitplan zu verändern. Da ich es nicht ändern konnte, daß ich die Praxis früher würde verlassen müssen, mußte ich ihr sagen, daß es mir leid tue, daß ich dann aber ihre Stunde um 10 Minuten kürzen müsse. Es stellte sich bald heraus, daß sie unter diesen Umständen doch Möglichkeiten finden konnte, zehn Minuten früher zu kommen. Am nächsten Tag hatte sie den folgenden Traum: *Sie ging eine wunderschöne Straße hinunter, die von belaubten Bäumen gesäumt wurde. Aber dann war die Straße zu Ende. Es gab keine Möglichkeit, weiterzugehen. Sie ging den Weg zurück, und unterwegs sah sie eine Lichtung, und auf dieser Lichtung hatte ein Paar sehr intensiven sexuellen Verkehr miteinander. Der Verkehr war nicht nur körperlich. Es schien so, als habe der Mann der Frau gesagt, wie leidenschaftlich er sie liebe. Sie beobachtete diese Szene mit großem Interesse.* Ihr erster Einfall war, daß sie mir sagte, die Szene habe nichts Voyeuristisches oder Exhibitionistisches an sich gehabt. Das Paar habe sich auf einer Lichtung im Wald geliebt. Sie seien miteinander beschäftigt gewesen, hätten sich nicht zur Schau gestellt. Sie selber habe keine voyeuristische Erregung empfunden. Sie sei nicht darauf aus gewesen, sie zu beobachten, anders als in manchen früheren Träumen, sie habe einfach Interesse empfunden, keine Erregung. Das Ende der Straße brachte sie damit in Verbindung, daß ich ihr klar gesagt hatte, ich wolle die Stunde 10 Minuten früher beenden.

Ich denke, die baumbestandene Straße, auf der sie sich so wohlfühlte, stellt ihre Phantasie dar, daß sie in meinem Inneren ist und mich kontrolliert, eine innere Haltung, die bei ihr sehr häufig ist. Die Enttäuschung über das Ende der Stunde zeigt ihr, daß es damit jetzt vorbei ist. Manchmal benutzt sie den Ausdruck „keineswegs". „Auf keinem Weg" kann sie die Phantasie aufrechterhalten, in meinem Inneren zu sein und mich zu kontrollieren. Als sie diese Phantasie aufgibt, trifft sie auf einen anderen Raum, der eine Lichtung zugänglich macht, auf der der elterliche Verkehr stattfindet. Und im Traum wird er nicht von voyeuristischen Projektionen verdorben.

Die weitere Arbeit führte natürlich zum Erkennen unterdrückter Gefühle von Eifersucht und Wut. Sie mußte in ihrem Inneren auch für solche Gefühle Raum schaffen. Aber es ist wichtig, daß sie außerdem ein objektiver und anerkennender Beobachter sein konnte.

Einige Zeit später hatte sie einen ähnlichen Traum, der einen weiteren Aspekt des neuen Raumes und der neuen Art von Beziehung enthielt. *Im Traum war sie mit mir in der Küche und wusch ab. Wir sprachen über die Ehe, und ich sagte ihr, ich habe einen Polen geheiratet, weil Polen so leidenschaftlich seien.* In diesem Traum wird ihre Beziehung zu mir, was das Gefüttert- und Gewaschen-Werden betrifft, durch ihr Wissen um meine Paarbeziehung nicht verdorben, sondern sogar bereichert. Ebenso stört ihre Beziehung zu mir als Mutter sie nicht in ihrer eigenen Wertschätzung des Vaters.

Eine meiner Patientinnen, F., wird immer wieder von Panikanfällen gequält. Obwohl sie intelligent ist, verliert sie ihre Konzentration und ihre Fähigkeit zu denken völlig, wenn sie bewußt oder unbewußt in einem Zustand von Panik ist. In einer Stunde beschrieb sie akute Ängste wegen eines Loches in einer Wand. In ihrem Haus mußte etwas umgebaut werden; sie konnte sich nicht vorstellen, daß das möglich sei, ohne daß es ein großes Loch in der Wand gäbe. Sie glaubte, ihre Kinder oder sie selbst könnten durch das Loch fallen, und überhaupt versetzte sie der Gedanke an dieses große schwarze Loch in Panik. Es war in der Stunde ziemlich klar, daß sie in ihrem Inneren nicht die Vorstellung hatte, der Handwerker könnte wissen, was er tue. (Die Übertragungsbezüge waren klar.) Als ich ihr dies gedeutet hatte, erzählte sie mir von einer weiteren Panik, die sie auf dem Weg zu Stunde überfallen hatte: Sie hatte ihr Tagebuch verloren, das vertrauliche Informationen über sie selbst und die Arbeit in ihrem Büro enthielt, die auch andere Leute betraf; der Verlust des Tagebuches könnte eine Katastrophe bedeuten. Allmählich stellte sich heraus, daß der Verlust ihres Tagebuches etwas damit zu tun hatte, daß sie auf einem Plakat von einer Vorlesung gelesen hatte, die ich gemeinsam mit einem Mann halten würde. Sie hatte nicht vor, diese Veranstaltung zu besuchen, aber sie wollte außerdem das Datum vergessen, um sich nicht damit herumschlagen zu müssen. Die Indiskretion, von der sie gesprochen hatte, bezog sich darauf, daß sie es als unanständig empfunden hatte, daß ich mich auf einer Bühne mit einem Mann zur Schau stellte.

Die nächste Stunde war sehr schwierig, und es war kaum möglich, analytisch zu arbeiten, weil die Patientin darauf aus war, jede mögliche Verbindung zu verhindern. Zwei Themen deuteten sich an. Das eine betraf einen inneren Folterer. Es führte schließlich zu der Phantasie von einer Hand, die eine Brust, die voller Eiter ist, grausam ausdrückt. Das zweite Thema hatte mit Sexualität zu tun. Sie hatte das Gefühl, ich und andere wollten ihr den sexuellen Verkehr als etwas Vergnügliches und Nicht-Zerstörerisches einreden, was sie für eine Verleugnung und Idealisierung hielt, denn: „Ich dachte, jeder weiß, daß Sex immer etwas Sado-Masochistisches ist." Außerdem war sie der Ansicht, wenn zwei Leute zusammenkämen, um Verkehr zu haben, so täten sie das aus Grausamkeit gegenüber einer dritten Person, vor der sie sich zur Schau stellten, um diese dritte Person unerträglichen Gefühlen von Ausgeschlossensein, Unterlegenheit und Eifersucht auszusetzen. Ein paar Verbindungen ließen sich herstellen − z. B., daß die Eltern bzw. ich mich dem Kind grausam zur Schau stellte und damit ihre Beziehung zur Brust zerstörte; aber insgesamt blieb die Patientin abgeschnitten von mir, böse und sehr ängstlich.

In der dritten Stunde war, während sie von dem Loch sprach, im Behandlungszimmer Musik aus der Nachbarwohnung zu hören. Sie machte mich darauf aufmerksam und sagte, das lasse sie an tanzende Leute denken. Sie fühlte sich davon nicht gestört oder verfolgt. Schließlich konnten wir feststellen, daß das furchtbare Loch in ihrem Inneren der fehlende Raum sei, in dem sie wahrnehmen könne, wie Eltern, dargestellt durch mich, miteinander tanzen. Später in der Stunde begann sie, über ihre Schwierigkeiten beim Abfassen eines Berichtes zu sprechen, den sie für ihre Arbeit schreiben mußte; aber sie tat dies viel ruhiger und mit mehr Verständnis. Die Patientin hatte eine idealisierende Beziehung zur Brust, aber diese Beziehung war sehr brüchig und konnte nur dadurch aufrechterhalten werden, daß sie ihre Ambivalenz abspaltete. Das Auftauchen eines dritten Objekts verwandelt alles in eine Folter. Sie fühlt sich nicht nur von Phantasien einer von Grausamkeit durchtränkten Sexualität gefoltert, sondern die ursprüngliche Beziehung zur Brust wird durch das Eindringen des Dritten zerstört und wird ebenfalls zu einer Folter. In dem Moment, in dem jemand eindringt, verliert sie innerlich selbst alle Verbindungen und fühlt sich zerstückelt und angefüllt mit intensiven paranoiden und hypochondrischen Phantasien. In solchen Momenten geht ihre Fähigkeit, zu verstehen und zu symbolisieren, verloren. Wenn ich mit anderen spreche, so erlebt sie das, als zwinge ich sie, Zeuge eines ganz real stattfindenden sexuellen Verkehrs zu sein. Die schlimmen Gefühle über mich werden zu einer quälenden und gequälten giftigen Brust in ihrem Inneren, die sie in Form körperlicher Symptome erlebt. Sie kann die daraus entstehenden Verfolgungsgefühle loswerden, wenn sie in ihrem Inneren ein Loch hat anstelle eines Raumes, der die tanzenden Eltern beherbergen kann.

Die Angst vor dem Loch in der Wand, die die Patientin F. erlebt, entspricht der Angst der Patientin D. in dem Traum, den ich weiter oben (S. 75) beschrieben habe, in dem sie mir ihre Klagen in Form von Teilen und Stücken bringt, die aus ihrem Körper fallen, darunter so etwas wie vielleicht Kinder. Sie bringt ihre Klagen in Form von kleinen Stücken, die aus einem Loch in ihrem Körper fallen. Was sie am Anfang ihres Traumes darstellte, erinnert sehr an die Angst der Patientin F. vor dem Loch in der Wand, durch das die Kinder herausfallen würden. Aber später in ihrem Traum zeigt D., wie das Aufgenommen- und Verstandenwerden durch die analytische Situation zu einer Transformation von Beta- in Alpha-Elemente führte. Patientin F. drückt diese Veränderung in der dritten Stunde aus. Eine weitere Patientin, die weniger schwer gestört war, zeigte deutlich, welche Auswirkung die Schwierigkeit bei der Errichtung des Dreiecks auf ihr Denken hatte.

Die Patientin erzählte mir zu Beginn der Sitzung, sie habe zwei sehr kleine Bruchstücke eines Traumes. In dem einen *sah sie mich umgeben von dummen, ganz und gar verachtenswerten Männern mittleren Alters.* Von dem zweiten Bruchstück konnte sie nur erinnern, daß es etwas mit einem afrikanischen Land und afrikanischen Leuten zu tun habe. Der erste Traum schien uns beiden ziemlich klar, weil ein langes Wochenende bevorstand. Das kaum erinnerte Bruchstück des Traumes aber brachte überraschend reiche Einfälle. Zunächst drückte sie wieder ihr Erschrecken über ihre rassistischen Vorurteile aus, von denen sie sich nicht befreien könne und die sie selbst bei sich verabscheue. Dies schien eine Verbindung zwischen dem Traum von den Männern, mit denen ich wohl mein Wochenende verbringen würde, und dem von den Afrikanern herzustellen. Aber ihre weiteren Einfälle waren unerwartet und erhellend. Die Patientin ist Lehrerin, und sie begann von einem Kind zu sprechen, das große Schwierigkeiten mit der Grammatik hatte, besonders bei Fremdsprachen. Sie meinte, Afrika könnte die Gefühle dieses Mädchens in bezug auf Fremdsprachengrammatik darstellen, die es als vollkommen exotisch und unverstehbar erlebte. Sie sagte, dieses Kind sei ziemlich intelligent, aber voller Brüche. Es sei nicht in der Lage, bestimmte Verbindungen herzustellen, und dies werde besonders deutlich bei seiner völligen Unfähigkeit, die Regeln der Grammatik zu verstehen. Eigentlich sollten grammatische Strukturen sich viel natürlicher verstehen lassen. Dann lachte sie und sagte: „Vielleicht erscheint ihr die Grammatik so fremd und exotisch, wie Eltern beim Verkehr einem Kind vorkommen müssen – unerreichbar, unverständlich, exotisch und fremd." Die Patientin wird häufig von sehr primitiven Urszenen-Phantasien beherrscht und beeinträchtigt. In dieser Stunde scheint sie zu merken, daß es bestimmte natürliche Beziehungsstrukturen gibt, wie in der Grammatik (die „shades" von Chomsky), und daß eine davon das intuitive Wissen um den elterlichen Verkehr ist.

Im ersten Traum wird dieser Verkehr angegriffen und verhöhnt. Sie hat ein Vorurteil gegen ihn, so wie sie ein Vorurteil gegen Afrikaner hat. Und ihre Einfälle dazu legen nahe, daß sie merkt, wie sich ihr Denken durch ihren Angriff auf solche natürlichen Beziehungsstrukturen verwirrt.

Ich denke, der trianguläre Raum entspricht auch dem Raum für ein neues Baby. Er ist nicht „gesättigt" von den gegenseitigen Projektionen zwischen Mutter und Kind. Als neuer, ungesättigter psychischer Raum läßt er die Geburt neuer Gedanken zu: Zwei können zusammenkommen wie die Eltern beim Verkehr, um einen dritten, neuen Gedanken herzustellen.

Die verschiedenen Überlegungen, die ich über die Beziehung zwischen dem Container und dem Aufzunehmenden, über die Erweiterung dieses Konzeptes um den psychischen Raum, der die Eltern gemeinsam beherbergt, und über das potentielle neue Baby angestellt habe, scheinen mich weit weg von meinem eigentlichen Thema geführt zu haben, nämlich den Träumen, der Phantasie und der Symbolbildung. Ich denke aber, daß diese Überlegungen unabdingbar sind für das Verständnis der inneren Prozesse, die an der Bildung von Phantasien und Traumgedanken und an den Funktionsstörungen des psychischen Apparates beteiligt sind, die für seine Pathologie verantwortlich sind.

5
Der Traum und das Ich

In den vorangegangenen Kapiteln habe ich den Gedanken dargelegt, daß ein Traum eine Möglichkeit ist, eine unbewußte Phantasie auszudrücken und zu bearbeiten. Was Freud einen „Kompromiß" nannte, nimmt die Form einer Wunscherfüllungsphantasie an und befriedigt gegensätzliche Wünsche und Abwehrbedürfnisse. Eine solche Phantasie wird im Traum ausgedrückt und weiter durchgearbeitet. Ein Traum erfüllt viele Funktionen. Er drückt auf der Ebene der Phantasie einen unbewußten Konflikt aus und sucht − ebenfalls auf der Ebene der Phantasie − nach einer Lösung: der Wunscherfüllung. Die Traumarbeit trägt zur Bearbeitung unbewußter Konflikte bei. Außerdem ermöglicht sie die Kommunikation zwischen dem Unbewußten und dem Bewußtsein. Wenn wir uns an einen Traum erinnern, bewahren wir uns die Verbindung mit symbolischen Äußerungen unseres Unbewußten. Im analytischen Prozeß wird diese innere Kommunikation auch zu einer Möglichkeit, mit dem Analytiker zu kommunizieren.

Im ersten Kapitel habe ich darüber gesprochen, wie gewaltig die Aufgabe für das Ich ist, die psychische Arbeit − die Traumarbeit − zu leisten, die mit dem Träumen verbunden ist. Und ich habe die Frage gestellt, was mit dem Träumen und den Träumen geschieht, wenn das Ich vorübergehend oder überhaupt nicht in der Lage ist, die Aufgaben zu bewältigen, die für einen neurotischen oder einen normalen Traum nötig sind. Bei einer akuten Psychose wird häufig nicht unterschieden zwischen einer Halluzination, einem Traum und einem wirklichen Ereignis. Ich erinnere mich an Stunden zu einem frühen Zeitpunkt in der Behandlung eines akut Schizophrenen, in denen er mir einen verworrenen Bericht von der vergangenen Nacht gab und es unmöglich war zu unterscheiden, was tatsächlich geschehen war, was er im Wachen und was er im Schlaf halluziniert hatte. Bion berichtet von einem Patienten, der in Panik war, weil er von seinem Analytiker geträumt hatte und daraus den Schluß zog, daß er ihn verschlungen haben müsse, und der verblüfft war, seinen Analytiker lebendig in der äußeren, realen Welt wiederzufinden. In solchen Fällen ist der Patient unfähig, zwischen dem psychischen Ereignis eines Traumes und den tatsächlichen Ereignissen in der äußeren Welt zu unterscheiden.

Unter den weniger akuten Fällen in unserer täglichen Praxis befinden sich

Patienten, deren Träume die Traum-Funktion, wie sie Freud beschrieben hat, manchmal oder grundsätzlich nicht erfüllen. Die Träume dieser Patienten dienen nicht dazu, latente Traum-Gedanken zu bearbeiten und zu symbolisieren, sondern dazu, psychischen Inhalt loszuwerden (Bion 1958). In der Analyse dienen sie überwiegend nicht der Kommunikation, sondern dem acting-in, dem Agieren innerhalb der Stunde. Das bedeutet, daß solche Träume nicht die Funktion einer symbolischen Kommunikation haben, sondern eine symbolische Gleichsetzung darstellen bzw. Beta-Elemente, die ausgestoßen werden. Das Träumen wird dann als ein Ausstoßen und manchmal als ein tatsächliches Urinieren oder Defäzieren erlebt. In der Stunde projiziert der Patient in den Analytiker hinein, was unterschiedliche Konsequenzen haben kann. Das beabsichtigte Ziel solcher Projektionen ist zwar normalerweise nicht eine Kommunikation, aber wenn der Analytiker sie verstehen kann, dann können sie dennoch zu einer Kommunikation werden. Herr H.[1] träumte ausgiebig. Er hatte zahllose Notizbücher, in denen er seine Träume und seine Einfälle dazu aufschrieb. Manchmal berichtete er sie mir am nächsten Tag, aber oft holte er Wochen oder Monate später das Notizbuch vor und begann, daraus vorzulesen. Herr H. war ein Meister darin gewesen, sein psychisches Leben loszuwerden. So verbrachte er nach der Sitzung z. B. Stunden auf dem Klo, entleerte seinen Darm und tat das, was er seine „Nach-Analyse" nannte und was sein Weg war, um jedes Gefühl und jede Einsicht loszuwerden, die er etwa in der Sitzung erlebt hatte. Seine Träume dienten demselben Zweck. Was immer ihn auch berührt haben mochte, löste einen Traum aus, den er in sein kleines Notizbuch defäzierte und auf diese Weise loswurde. Bei ihm war es oft der einsichtigere Teil seiner Person, dessen er sich auf diese Weise entledigte. Das war besonders ausgeprägt nach dem Tod seiner Mutter, als er mehrere Träume hatte, in denen sich seine Trauer ausdrückte. Die Träume wurden ordnungsgemäß aufgeschrieben und vergessen und mir Wochen später erzählt, während er in seinem bewußten Erleben von Trauer unberührt schien. Im *Abriß der Psychoanalyse* erwähnt Freud an der Stelle, wo er die Spaltung im Ich in der Psychose beschreibt, einen psychotischen Patienten, bei dem der abgespaltene gesündere Anteil des Ichs beim Träumen aktiv war (Freud 1940, GEW XVII, S. 132).

Borderline-Patienten wie Herr H. unterscheiden sich von denjenigen Psycho-

---

[1]   Herr H. ist in meiner Arbeit: *A delusional system as a defence against the re-emergence of a catastrophic situation* und in *The function of dreams* (1981) beschrieben worden.

tikern, die überhaupt nicht zwischen Traum, Halluzination und Wirklichkeit unterscheiden können; sie wissen, daß sie geträumt haben, sie sprechen über ihre Träume, aber dennoch werden ihre Träume psychisch gleichgesetzt mit konkreten Ereignissen und haben entsprechende Auswirkungen. Fräulein G.[2] beklagte sich zu Beginn einer Sitzung darüber, daß es in meinem Zimmer nach Gas rieche. In der Folge stellte sich heraus, daß sie geträumt hatte, ein Gasballon sei explodiert. Wenn ich – oder jemand, der für mich stand – sie im Traum verfolgte, so warf sie mir das vor, als ob die Gestalt im Traum wirklich ich wäre. Im Wachen gab es bei ihr ein ähnliches Phänomen. Sie hatte zahlreiche Phantasien, die sie als „Phantasien" bezeichnete, aber sie lebte sie aus, als seien es Halluzinationen. So ging sie z. B. sehr merkwürdig, weil sie in ihrer Phantasie einen Kot-Penis in ihrer Vagina oder in ihrem Anus stecken hatte. Das, was sie eine Phantasie nannte, war eher eine psychosomatische Halluzination.

Wenn Patienten das Träumen dafür benutzen, um psychischen Inhalt auszuscheiden, so kann dieser Prozeß viele Formen annehmen. Manchmal wird das Träumen selber als der Vorgang erlebt, der das Ausscheiden vollzieht, oder es ist das Aufschreiben wie im Fall von Herrn H.s Notizbüchern. Sehr oft wird das Ausscheiden dadurch erreicht, daß der Traum geträumt und dem Analytiker erzählt wird. Das Erzählen des Traums kann dazu dienen, im Analytiker Gefühle auszulösen und damit eine projektive Identifizierung zu erreichen. Herr H. erzählte mir manchmal Folter- oder Angstträume, die mich erschütterten, während er offenbar überhaupt nichts dabei empfand. Auch einige seiner Träume über den Tod seiner Mutter konnten in mir ein Gefühl starker Betroffenheit auslösen, während im Gegensatz dazu bei ihm jegliches Gefühl zu fehlen schien. Das Ausscheiden geschieht in ein Objekt hinein, und in der analytischen Situation ist der Analytiker dieses Objekt. Das Ziel ist ein zweifaches: erstens, bestimmte psychische Inhalte abzuspalten und loszuwerden, und zweitens, das Objekt zu beeinflussen. Für Herrn H. war das Loswerden von Inhalten normalerweise das vorrangige Ziel, und wie es sein Objekt beeinflußte, war oft zweitrangig.

Im Gegensatz dazu stand bei Herrn M. das Ziel, sein Objekt zu beeinflussen, stärker im Vordergrund. Zu Beginn seiner Analyse überflutete er mich mit Träumen und zahllosen Assoziationen. Als ich ihm seine Unfähigkeit zeigte, den Deutungen zuzuhören, und wie seine zahllosen Assoziationen, mit denen er die

---

2 Fräulein G. wurde in derselben Arbeit beschrieben (Segal 1981).

Traumerzählung spickte, in Wirklichkeit die Bedeutung verschleierten, statt mir zu helfen, den Traum zu klären, war er sehr schockiert und überrascht. Er sagte, er habe gedacht, so analysiere man Träume – „Hat Freud so nicht seinen Irma-Traum analysiert?" Bald wurde offenbar, daß er Freud war, der seine eigenen Träume vor mir als seinem staunenden und hypnotisierten Publikum analysierte. Nachdem wir diese Bedeutung seiner Art zu träumen und seine Träume zu erzählen einige Zeit analysiert hatten, brachte er einige kürzere Träume und dazu zusammenhängendere und angemessenere Assoziationen. Diese Träume und die dazugehörenden Assoziationen befaßten sich mit der psychischen Funktion seines Träumens und der Art, wie er die Träume erzählte, und machten sie verständlich.

Er träumte, *daß er ein Serum gegen Tollwut in einen großen Fußball injizierte. Es war wichtig, daß er mit keinem einzigen Tropfen in Berührung kam. Außerdem tat er nachlässig irgend etwas in das Portemonnaie einer Frau.* Er assoziierte dazu seine Promiskuität und sein Verführen der Frauen – ein Verhalten, das er gerne als Wiedergutmachung verstehen wollte (das Serum), das aber in Wirklichkeit zerstörerisch und eine Projektion war. Er hatte die Überzeugung, daß er, wenn er sich einer Frau näherte, die Macht besaß, in sie einzupflanzen, was er „das Bedürfnis nach M." nannte; auf diese Weise projizierte er sein eigenes infantiles Bedürfnis in die Frau. Sobald sie auf diese Weise infiziert waren, konnte nur der Verkehr mit M. (das Serum) sie retten. Aber die Injektion durch seinen Penis infizierte sie von neuem – und auf diese Weise wurden sie noch abhängiger von ihm. Das Serum im Traum ist zerstörerisch, und es darf ihn kein einziger Tropfen berühren. Dies bezieht sich natürlich auch auf die Analyse. Er injiziert seine Träume in mich, aber kein einziger Tropfen einer Deutung darf ihn berühren.

Am nächsten Tag wurde die Situation sogar noch klarer. Unmittelbar vor der Stunde wusch er sich die Haare und durchnäßte mein Kissen im wahrsten Sinne des Wortes. Er hatte einen Traum, in dem er *einen Ballon anstach und zum Platzen brachte.* „Er platzte wie eine Kirsche." Er brachte diesen Traum mit dem vorigen in Verbindung, in dem er in den Fußball gespritzt hatte. Es war klar geworden, daß seine ausgiebigen Träume und seine Art, sie mir zu erzählen, wie ein Strom sexualisierten Urins waren, mit dem er mich verblüffen, verführen und verwirren und meinen Verstand zum Platzen bringen wollte. Seine Motive waren sein Bedürfnis, seine eigenen infantilen Bedürfnisse loszuwerden, und sein neidisches Rivalisieren mit mir. In der Stunde war er Freud. (Bemerkenswert ist auch das

Thema der Injektion, in dem sich die Identifikation mit dem Irma-Traum fort-setzte.)

Einige Zeit später brachte er vier Träume. Ich will sie nicht vollständig wie-dergeben, denn das Erzählen der Träume und die Assoziationen nahmen fast die gesamte Stunde ein. Der erste Traum hatte mit Masturbation zu tun; der zweite hatte mit dem Verbot zu tun, die eigene Tochter zu ficken, und im vierten ging es um Othellos Mord an Desdemona. Der dritte Traum aber ist für mein Thema relevant. Er träumte, *daß er winzige Stücke von irgend etwas in zwei ovale Formen tat, die sich dadurch verformten. Er versuchte außerdem, sie zusammenzubringen.* Er unter-brach sich und assoziierte, die Form erinnere ihn an eine Pampelmuse, denn später im Traum *kaufte er eine Pampelmuse von einer Frau und ärgerte sich, daß sie teurer geworden war.* (Sein Stundenhonorar war kurz vorher erhöht worden.) Er meinte, die kleinen Stücke seien seine auseinandergefallenen Träume, und er hoffe, wenn er sie in die ovalen Formen tue und die Formen zusammenbringe, dann bedeute das, sie zu integrieren. Er benutzte eine Formulierung, die typisch für ihn war: „Ich möchte, daß es das bedeutet", dann fuhr er mit dem Traum fort. *Er rannte einen durchsichtigen, verformten Gang entlang. Am Eingang stand ein Aufpasser, der ihn möglicherweise nicht in das Haus hineinlassen würde, zu dem er gerannt war. Dann kam der Pampelmusen-Teil. Vielleicht mußte er eine Pampelmuse von einer Frau kaufen, um eingelassen zu werden.*

Ich glaube, die bedeutsamen Hinweise in diesem Traum sind die verformte Pampelmuse und der verformte Gang. Die anderen drei Träume enthielten Bruchstücke einer zerstückelten und projizierten ödipalen Situation – zum Bei-spiel projizierte er seine ödipalen Gefühle in seine Tochter. Im dritten Traum zeigt er, wie er seine Träume in mich hineintut – die ovalen Gebilde, die Brüste, die Pampelmuse, die er kaufen soll – und damit eine fragmentierte ödipale Situation in mich hineinprojiziert und zugleich mein Urteilsvermögen verzerrt. Sein „Ich möchte, daß es bedeutet" drückt auch seinen Wunsch aus, daß ich die Bedeutung des Traumes so interpretiere, wie er sie sich wünscht, damit ich ihn auf diese Weise „in das Haus hineinlasse". Zu träumen und mir die Träume zu erzählen erlebte er als konkretes Urinieren mit sexueller Bedeutung, wobei er eigene Teile in mich hineinprojizierte und zugleich mein Inneres affizieren wollte – um es zum Platzen zu bringen wie in den vorangegangenen Träumen, oder es zu ver-formen. Da er überzeugt war, daß er mein Inneres auf diese Weise beeinträchtigen konnte, neigte er dazu, seine Analyse als *folie à deux* zu erleben und damit seine Erfahrung mit seiner Mutter zu wiederholen, die ihre Beziehung zu ihm erotisierte und ihn auf im Grunde wahnhafte Weise zum Idol machte. Die Träume waren natürlich nur eine seiner Ausdrucksweisen für diesen Prozeß, allerdings eine sehr zentrale.

Die beiden ovalen Gebilde waren, denke ich, auch seine eigenen Lungen, denn die Re-Internalisierung der zerstörten Brüste war, so meine ich, die Wurzel seines Asthmas, an dem er gelegentlich litt.

Wenn Menschen ihre Träume als konkrete Ereignisse oder Gegenstände empfinden, als Kot, als anale Luft oder als Urinstrahl, die in ein Objekt hinein ausgestoßen werden, so ist es unvermeidlich, daß ihre Realitätswahrnehmung beeinträchtigt wird. Ich habe berichtet, wie Fräulein G. darüber klagte, daß mein Zimmer nach Gas rieche, und wie wir erst später herausfanden, daß sie einen Traum hatte, in dem ein Gasballon explodierte. Wenn sie in einem Traum einen Streit hatte, erlebte sie mich als streitsüchtige Person. Der Traum schwappte offensichtlich auf ihre Realitätswahrnehmung über. Ein Beispiel für solche verzerrten Wahrnehmungen wurde mir von einem Kollegen (Dr. R. Britton) berichtet; es stammt von einem Patienten, dessen Analyse ich supervidierte.

Der Patient sagte zu Beginn der Sitzung, er sei sehr beunruhigt, weil er glaube, sein Analytiker habe seinen Schnauzbart abrasiert, aber er sei nicht sicher. Später in der Stunde sagte er, bei einem bestimmten Licht könne er sein Gesicht in der Lampe über ihm gespiegelt sehen. Weitere Assoziationen handelten von seiner Tendenz, ins Innere des Analytikers einzudringen, und von seiner Angst, sich mit dem Analytiker zu verwechseln. An dieser Stelle machte der Analytiker ihn darauf aufmerksam, daß er, wenn er sein eigenes Spiegelbild in der Lampe sehen könne, auch das Spiegelbild des Gesichts des Analytikers sehen könne. Der Patient war verblüfft. Er schaute noch einmal hin und sagte, er habe das bisher noch nie bemerkt. Er habe nur sein eigenes Gesicht gesehen. Aber er könne noch immer nicht erkennen, ob sich der Analytiker seinen Bart abrasiert habe. Die projektive Identifizierung des Patienten, der nur sein eigenes Gesicht sah, wo er eigentlich hätte beide sehen müssen, veranlaßte den Analytiker zu fragen, ob der Patient selber daran gedacht habe, sich seinen Bart abzurasieren. Nein, das habe er nicht, sagte er – aber plötzlich erinnerte er sich daran, daß er letzte Nacht geträumt hatte, er habe in den Spiegel geschaut und sein eigener Bart sei abrasiert gewesen. Es scheint, sein Traum war vollständig in den Analytiker hinein ausgestoßen worden, was zur Folge hatte, daß er das Gesicht des Analytikers so wahrnahm, wie sein eigenes Gesicht im Traum ausgesehen hatte.

Dieser Fall zeigt eine auffallend verzerrte Sinneswahrnehmung. Meine Patienten – Herr H., Herr M., Fräulein G. – zeigten gelegentlich ähnliche Wahrneh-mungsverzerrungen. Aber auf emotionaler Ebene ist die Verzerrung der Wahr-nehmung – wie Herrn Ms Erleben einer *folie à deux* – immer vorhanden. Außerdem werden alle Träume von der Art, wie ich sie beschrieben habe, auch zu großen Teilen in der Stunde ausagiert: Herrn Ms rasche, verwirrende und verwirrte Art, seine Träume zu erzählen, sein Nässen des Kissens, Fräulein G.'s Streit mit mir usw.

Bei bestimmten Patienten aber – oder bei manchen Patienten zu bestimmten Zeiten – ist das acting-in (also das Ausleben des Traums innerhalb der Stunde) der hervorstechende Zug. Der Traum muß im einzelnen in der Stunde inszeniert werden. So hatte Herr H. zum Beispiel zahllose Träume, in denen er zu einem Essen oder einem Treffen zu spät kam, und zwar eine ganz bestimmte Anzahl von Minuten – zwischen zwei und fünfundvierzig –, und dann kam er zur Sitzung genau so viele Minuten zu spät.

Ein Patient, dessen Analyse ich supervidierte (die Analytikerin war Dr. Pion-telli), zeigte einen ähnlichen Mechanismus. Vor kurzem verbrachte er in einer Sitzung eine halbe Stunde mit schleppenden, leeren Assoziationen. Dann erzählte er einen Traum, in dem *er um 8.20 Uhr bei einem Zebrastreifen ankam. Ein Polizist war da, es gab einen Unfall. Er wollte den Unfall nicht sehen und ging weg.* Die Analytikerin warf einen Blick auf ihre Uhr, und es war genau 8.20 Uhr. Dann ließ der Patient seine Assoziationen vom Traum wegwandern. Wie im Traum wanderte er von dem Ereignis weg, das er nicht sehen wollte. Die Sitzung selber stellte eine Re-Inszenierung des Traumes dar.

Fräulein G. hatte eine Reihe von Träumen, in denen es um paranoide Ausein-andersetzungen mit kaum verhüllten Elternfiguren ging. Jedesmal danach begann sie in der Stunde eine Art Streit mit mir. Ob ich nun still war oder was immer ich auch sagte, es wurde von ihr als Streiten interpretiert. Ich fühlte mich wie eine Marionette in einem fremden Alptraum. Schließlich fanden wir dann heraus, daß sie einen Traum gehabt hatte und ihn in der Stunde inszenierte. In diesen Fällen habe ich das Gefühl, daß der Inhalt des Traumes mit Hilfe einer sehr präzisen Re-Inszenierung ausgeschieden werden muß.

Ich habe diese Art Traum einen „Vorhersage-Traum" genannt, weil es so scheint, als sage er zukünftige Ereignisse vorher, denn sie werden fast automatisch ausagiert. Sie funktionieren wie eine „definitorische Hypothese", wie sie Bion 1963 bezeichnet hat. Solche Träume werden oft auch außerhalb der Stunde aus-agiert. Für gewöhnlich erleben wir in der Analyse eher, daß der Patient, wenn er einen Traum bringt und wir in der Stunde damit umgehen, weniger gezwungen ist, ihn auszuagieren. Mit Vorhersage-Träumen ist das nicht der Fall. Sie erscheinen eher wie Entwürfe für zukünftiges Ausagieren sowohl innerhalb als auch außerhalb der Sitzung. Das war bei Herrn H. besonders auffallend. Wenn er einen Traum brachte, der als Reaktion auf die Wochenendunterbrechung einen Wunsch nach homosexuellem Ausagieren enthielt, so konnte keine analytische Bearbeitung des Traumes verhindern, daß er die Handlung fast genauso ausführte, wie sie im Traum geplant war. Das könnte natürlich die Folge davon sein, daß die Analyse nicht korrekt oder nicht ausreichend war. Aber ich hatte auch den Eindruck, daß kein analytisches Verstehen ausreichte, um den gewaltigen Drang, den Trauminhalt mit Hilfe genauen Ausagierens loszuwerden, aufzufangen (contain). Natürlich werden alle Träume in gewissem Umfang in und außerhalb der Analyse agiert. Oder genauer: Die Phantasie, die im Traum ausgedrückt wird, wird in gewissem Grade innerhalb und außerhalb der Stunde in einer Weise agiert, die Rosenfeld (1964) als „normales Ausagieren" bezeichnet hat. Bei den Träumen aber, von denen ich in diesem Kapitel spreche, überwiegt die Intention, sie innerhalb und außerhalb der Stunde auszuagieren, und im Falle der Vorhersage-Träume geschieht dies besonders zwanghaft und ist oft nicht innerhalb der Stunde zu halten.

Diejenigen Träume, in denen die Traumarbeit teilweise oder völlig versagt hat, sind dadurch charakterisiert, daß sie bestimmte, miteinander zusammenhängende Phänomene enthalten. Eines davon, das nicht immer vorhanden ist, besteht in einer gewissen plumpen Art der Symbolbildung. So träumte Fräulein G. regelmäßig von Häusern, in deren Erdgeschoß ein Restaurant war, im Untergeschoß hinten ein Gaskocher oder ein Ofen und vorne Szenen von sexueller Gewalt oder Mord. Oder sie träumte von zwei Wespen, die sexuellen Verkehr hatten, der darin bestand, daß eine in die andere hinein urinierte oder defäzierte usw. Herr H., der Gardeoffizieren nachjagte, um sadomasochistischen Sex mit ihnen zu haben, träumte von einem Offizier, der ihn mit einem rotglühenden Feuerhaken verfolgte. Es ist, als sei gerade das absolute Minimum an Anstrengung für die Symbolbildung aufgewandt worden. Andere Züge sind immer vorhanden: Der Traum wird als konkretes Ereignis erlebt; er wird zum Ausstoßen psychischen Inhalts verwendet, und im Zusammenhang damit werden die Grenzen zwischen der inneren und der äußeren Welt verwischt. Der geplatzte Ballon von Fräulein G. wird nicht als ein inneres psychisches Ereignis empfunden. Es dringt in ihre Wahrnehmung meines Zimmers ein. Das ist in dem Fall, den Dr. Britton berichtet hat, ebenso deutlich: Der Traum wird nicht einmal erinnert, sondern er wird zu einem Teil des Gesichts des Analytikers.

Freud bezeichnet die Träume als eine harmlose Psychose oder auch als eine Halluzination, die im Schlaf vor sich geht. Ich glaube nicht, daß das für die meisten Träume zutrifft. Ich meine, das Halluzinieren ist ein pathologischer Prozeß, der mit pathologischer projektiver Identifizierung verknüpft ist. Die Art von Träumen, die ich hier beschreibe, sind allerdings tatsächlich wie während des Schlafs erlebte Halluzinationen. Die normalen Träume aber, in denen mit Hilfe der Traumarbeit der Prozeß der Verdrängung, Symbolisierung und des Durcharbeitens gelingt – diese Träume haben, selbst wenn sie bildliche Darstellungen einer Phantasie sind, nicht die psychische Funktion einer Halluzination.

Die wohltuende Wechselwirkung zwischen Projektion und Introjektion, die entsteht, wenn es eine konstruktive Beziehung zwischen dem Container und dem Aufgenommenen gibt, bildet die eigentliche Grundlage der seelischen Funktionen und damit auch des Träumens. Wenn keine gute Beziehung zu einem inneren Container gelingt, so führt das zum konkretistischen Erleben psychischer Geschehnisse.

Ein Beispiel stammt von einem ungewöhnlich begabten und fähigen Mann, der in ständigem Kampf mit psychotischen Teilen seiner Persönlichkeit liegt.[3] Eine Freitag-Stunde endete damit, daß der Patient enorme Erleichterung ausdrückte und mir sagte, daß in dieser Stunde alles eine gute Resonanz in ihm gefunden habe. Am darauffolgenden Montag kam er sehr verstört zu seiner Stunde. Er sagte, er habe am Freitagnachmittag und Samstagmorgen sehr gut arbeiten können, aber am Samstag habe er einen Traum gehabt, der ihn sehr beunruhigt habe. Im ersten Teil des Traumes *war er bei Frau Niedrig. Sie lag im Bett, und er unterrichtete oder behandelte sie. Außerdem war da ein kleines Mädchen* (an dieser Stelle wurde er ziemlich ausweichend), *na, vielleicht ein junges Mädchen. Es war sehr freundlich zu ihm, vielleicht ein wenig sexy. Und dann entfernte ganz plötzlich jemand ein Essenstablett und ein großes Cello aus dem Zimmer.* Er erwachte voller Angst. Er sagte, es sei nicht der erste Teil des Traums, der ihn ängstige, sondern der zweite, der seinem Gefühl nach etwas mit einem Verlust innerer Strukturen zu tun habe. Am Sonntag konnte er zwar immer noch arbeiten, aber er hatte das Gefühl, seiner Arbeit fehlten Tiefe und Resonanz, und er merkte, daß etwas ganz schief ging. Am Sonntag wachte er mitten in der Nacht aus einem Traum auf, aber er konnte

---

[3] Der Traum dieses Patienten wird in *The function of dreams* beschrieben.

ihn nicht festhalten und bemerkte statt dessen einen Schmerz im unteren Rücken – vielleicht im „niedrigen" Teil seines Rückens.

Er sagte, der Frau Niedrig-Teil seines Traumes habe ihn nicht beunruhigt, weil er ihn schnell durchschauen konnte. In der Vergangenheit bedeutete Frau Niedrig, an die er nicht oft denkt, eine Herabsetzung von Melanie Klein. Das verstand er, und er nahm an, daß sie mich darstellte und er mich zu einer Patientin und auch zu einem sexuell verführerischen kleinen Mädchen machte. Er vermutete, daß das ein neidischer Angriff war, weil er mich am Freitag als so hilfreich für sich empfunden hatte. Dann hatte er ein paar Einfälle zu dem Cello – seine Nichte besitze eines, dann seine Bewunderung für Casals und noch ein paar weitere –, die mich veranlaßten, ihm versuchsweise zu sagen, daß es ein sehr bisexuelles Instrument zu sein scheine. Diese Deutung ging ziemlich ins Leere. Er sagte, ihm scheine von größerer Bedeutung, daß es eines der größten Musikinstrumente sei, die es gebe. Dann sagte er, ich hätte eine sehr tiefe Stimme, und es habe noch etwas gegeben, das ihn geängstigt habe, als er aus dem Traum aufwachte: daß er sich nicht mehr daran erinnern konnte, worüber wir in der Freitag-Stunde gesprochen hätten.

Mir scheint, daß die gesamte Situation, die in der ersten Nacht im Traum dargestellt war, sich in der zweiten Nacht konkret ereignete. Indem er mich zu Frau Niedrig machte, hatte er mich als internalisiertes Organ mit einer tiefen Resonanz verloren. Das Cello repräsentierte die Mutter mit der tiefen Resonanz, die Mutter, die die Projektionen des Patienten aufnehmen und ihnen eine gute Resonanz verleihen konnte; mit dem Verlust dieses Organs wurde die Situation sofort zu einer konkret erlebten. In der Nacht zum Sonntag entwertete er mich, wie es meine Verwandlung in Frau Niedrig in seinem Traum zeigt. Das führte zum Verlust des Cellos – „eines der größten Musikinstrumente, die es gibt" – und zum Verschwinden des Essenstabletts. Er erwachte ängstlich. Die Funktion des Traumes, die Angst im Inneren zu halten und durchzuarbeiten, begann zu scheitern. In der nächsten Nacht hatte er statt eines Traumes Schmerzen im niedrigen Teil seines Rückens, eine Konkretisierung von Frau Niedrig. Früher waren hypochondrische Beschwerden, die jetzt sehr abgenommen hatten, ein psychose-getöntes Hauptsymptom von ihm gewesen. Der Angriff auf die Containing-Funktion der Analytikerin, die als Organ mit der Resonanz dargestellt war, führte dazu, daß der Patient seine eigene Resonanz (die Tiefe seines Verstehens) und sein Gedächtnis verlor (er konnte sich nicht mehr an die Stunde erinnern). Als dies geschehen war, konnte er nur konkrete körperliche Symptome

erleben. Die erniedrigte Analytikerin, die im Traum durch Frau Niedrig repräsentiert war, wurde zum konkreten Schmerz im niedrigen Teil seines Rückens.

Bei der Analyse solcher Träume, in denen die Traumarbeit nicht richtig funktioniert, gibt es ein technisches Problem. Es hat in solchen Fällen keinen Sinn,
zu versuchen, nur den Inhalt der Träume zu deuten. In den letzten Jahren haben
einige Analytiker sich ziemlich pessimistisch in bezug auf die Nützlichkeit von
Träumen in der Analyse geäußert. Ich glaube, das ist die Folge von Versuchen, die
klassische Analyse der Trauminhalte bei Träumen anzuwenden, mit denen wohl
anders umgegangen werden muß.

Bei Herrn H. löste es starke Glücksgefühle und Erregung aus, wenn ich den
Inhalt seiner Träume analysierte, hatte aber keinerlei therapeutische Wirkung.
Fräulein G. neigte dazu, sich unaufhörlich verfolgt zu fühlen, und verstand jede
Deutung so, als würge ich ihre projektiven Identifizierungen gewaltsam wieder
in sie hinein. Herr M. erlebte solche inhaltlichen Deutungen als unser gemein-
sames sexuelles Spiel, was einen deutlich antitherapeutischen Effekt hatte. Zu
Beginn seiner Analyse bei mir versetzte es ihn tatsächlich in manische Zustände
und sexuelle Erregung, wenn ich anfing, den Inhalt seiner Träume zu deuten.
Manche Patienten überfluten den Analytiker mit Träumen und Verwirrung. In
solch einem Fall muß als erstes das Überschwemmen gedeutet werden und die
Wirkung, die es auf den Analytiker haben soll. Grundsätzlich muß bei diesen
Träumen, die vor allem zum Ausagieren in der analytischen Stunde benutzt werden, diese Funktion zuallererst gedeutet werden. Erst allmählich und zunächst an
den Stellen, wo er eine Verbindung mit dieser Funktion hat, kann man sich dem
eigentlichen Inhalt des Traumes zuwenden. Die Fähigkeit des Analytikers, die
projektiven Identifizierungen aufzunehmen, zu verstehen und schließlich zu deuten, stellt einen Behälter zur Verfügung, der den inneren Raum des Patienten
wiederherstellt und dazu beiträgt, auch die Funktion der Symbolbildung wiederherzustellen. Der Prozeß, der in dem Traum vom verlorenen Cello beschrieben
wird, läßt sich umkehren. Solch eine Wiederherstellung läßt sich bei einem weiteren Patienten zeigen.

Nach einer langen Ferienunterbrechung lag er schweigend auf der Couch und
schien sehr niedergedrückt. Nach einer langen Pause sprach er kaum hörbar und
sagte, die Unterbrechung sei furchtbar gewesen. Als er vor den Ferien von der
Couch aufgestanden sei, habe es sich angefühlt, als sei er daran festgeklebt gewesen. Er habe sich fast gelähmt gefühlt. Während der Ferien habe er nicht träumen
können. Er sei aufgewacht mit dem Gefühl, von Steinen niedergedrückt zu wer-

den. Tagsüber war er wie ein Zombie. Aufgrund meiner eigenen Gegenübertragung, in der ich die Schwere seines Schweigens spüren konnte, hatte ich keine Zweifel, daß es sich nicht um leere Klagen handelte und daß er sein Erleben in mich projizierte. Ich nahm mein bisheriges Wissen über diesen Patienten hinzu und deutete ihm, daß er sich unfähig gefühlt habe, sich der Trennung zu stellen, und sich deshalb auf der Couch festgeklebt und den größten Teil von sich in mir zurückgelassen habe, an mich geklebt und mit mir durcheinandergebracht, so daß er sich entweder von einem Konglomerat von ihm und mir niedergedrückt gefühlt habe oder, wenn er sich von diesem furchtbaren Erleben abgeschnitten habe, zum Zombie geworden sei. Darauf erinnerte er sich, daß er unmittelbar zu Beginn der Ferien einen einzigen Traum gehabt hatte, einen Alptraum, in dem *ein riesiges Tier, eine Kreuzung zwischen einem Dinosaurier und einem Rhinozeros, in einen Stall hineinraste, so daß Stücke des Stalles in seiner Haut steckenblieben.* Er war voll Entsetzen aufgewacht und hatte seitdem nichts mehr geträumt. Er brachte den Dinosaurier mit etwas sehr Archaischem in Verbindung und das Rhinozeros mit Neugierde, Zudringlichkeit und Aggression. In der nächsten Sitzung sagte er erleichtert, er habe wieder Träume und könne wieder atmen und schreiben. Er träumte *von einer Person, die ein Kätzchen aufnahm.* Er glaubte, das Kätzchen sei sehr schmutzig, aber in Wirklichkeit war es das gar nicht. In einem weiteren Traum *ging es um einen Beutel mit Buchstaben, wie die Buchstaben von ‚scrabble‘, nur daß der Beutel viel größer war. Er fing an, sie zu sortieren.* In einem weiteren Traum (den ich hier nicht wiedergeben möchte) ging es um Trennung. Offenbar hat die Erfahrung der vorangegangenen Stunde seine Wahrnehmung von sich selbst als Dinosaurier/Rhinozeros, das in den Stall hineinplatzt und ihn kaputtmacht und den er nicht mehr von sich unterscheiden kann (die Stücke, die in seiner Haut stecken), verwandelt; er fühlt sich jetzt wie eine kleine Katze, die nicht so schmutzig – was eigentlich, glaube ich, gefährlich bedeutet – ist, wie er gedacht hatte. Das Kätzchen wird von einer Person aufgehoben, was bedeutet, daß auch ich in seiner Wahrnehmung menschlicher geworden bin. Der Buchstabenhaufen – Stücke, die in den Beutel hineinprojiziert wurden – kann daraufhin sortiert werden, um daraus Worte zu formen. (In den Begriffen Bions könnte man sagen, daß seine Beta-Elemente in Alpha-Elemente umgeformt worden sind.) Als das geschehen ist, kann er anfangen, seine Trennungserfahrung durchzuarbeiten und seine Fähigkeit zu träumen wiedergewinnen.

Freud betrachtete das Verständnis der Träume als den Königsweg zum Unbewußten. Wie ich dargestellt habe, ist es nur in Grenzen sinnvoll, ausschließlich den Inhalt des Traums zu verfolgen. Wenn wir nicht den Traum, sondern den Träumer analysieren und dabei die Form des Traumes, die Art, wie er erzählt wird, und die Funktion, die er in der Stunde ausübt, mit einbeziehen, so bereichert dies unser Verständnis enorm, und wir können erleben, wie die Funktion des Traumes ein bedeutsames Licht auf die Funktionsweise des Ich wirft.

6
Freud und die Kunst

> Uns Laien hat es immer mächtig gereizt zu wissen, woher diese merkwürdige Persönlichkeit, der Dichter, seine Stoffe nimmt – etwa im Sinne der Frage, die jener Kardinal an den Ariosto richtete – und wie er es zustande bringt, uns mit ihnen so zu ergreifen, Erregungen in uns hervorzurufen, deren wir uns vielleicht nicht einmal für fähig gehalten hätten. (Freud 1908, GW VII, S. 213)

Dies ist der erste Satz von Freuds Arbeit *Der Dichter und das Phantasieren*, die er 1907 geschrieben hat. Die Kunst hat Freud schon immer fasziniert. Strachey zählt nicht weniger als 22 Arbeiten von Freud auf, die direkt oder indirekt mit bestimmten künstlerischen Werken, mit literarischen Themen oder mit allgemeinen Problemen künstlerischer Kreativität zu tun haben. Und überall in seinen Büchern und Aufsätzen finden sich Hinweise auf Kunstwerke. Das ist nicht überraschend. Seine Forschungen galten jeder Ausdrucksweise der menschlichen Natur, und er konnte kaum anders, als von dieser einzigartigen menschlichen Errungenschaft fasziniert zu sein. Es ist schwierig, dem Beitrag gerecht zu werden, den die Psychoanalyse zum Verständnis der Kunst geliefert hat. Freuds Entdeckung der unbewußten Phantasie und der Symbolbildung ermöglichten einen neuen Zugang zum Verständnis der Kunst als dem höchstentwickelten symbolischen Ausdruck der Phantasie und gaben ihm eine neue Tiefe. Sein Beitrag zur Ästhetik ist kaum zu ermessen, auch wenn er selber offensichtlich überhaupt nicht an der Ästhetik interessiert war. Er äußerte, er fühle sich mehr vom Inhalt eines Kunstwerks angezogen als von seiner Form, obwohl ihm klar sei, daß für den Künstler die letztere von höherem Interesse sei.

Was Freud vor allem beschäftigte, war das Aufspüren unbewußter Konflikte und Phantasien in einem künstlerischen Werk. Einige seiner Aufsätze haben eine Psycho-Biographie des Künstlers zum Ziel und benutzen seine Werke als Enthüllungen seiner inneren Konflikte und seiner psychologischen Geschichte. In seinem Buch *Eine Kindheitserinnerung des Leonardo da Vinci* (1910), in dem er reichhaltige biographische Daten, eine Deckerinnerung aus der Kindheit und zwei seiner Gemälde – die Mona Lisa sowie die Heilige Anna, die Heilige Maria und Jesus – benutzt, macht er den Versuch, Leonardos psycho-sexuelle Entwicklung zu rekonstruieren. Er stellt eine Verbindung von Leonardos Kindheitserfahrungen zu seinen späteren Konflikten zwischen seiner wissenschaftlichen und seiner künstlerischen Kreativität her. In seinem Essay *Dostojewski und die Vatertötung* (1928) macht er mit Hilfe einer Analyse der *Brüder Karamasow* im Lichte von Dostojewskis früher Erfahrung die Persönlichkeit des Dichters verstehbar und versucht, seine Epilepsie, seine Spielsucht und seine moralische Haltung damit zu erklären.

Dieser Zugang ist in vielen Punkten kritisiert worden. (So lassen es z. B. neuere Forschungen als sehr zweifelhaft erscheinen, daß Dostojewskis Vater tatsächlich ermordet wurde oder daß Dostojewski das geglaubt hat.) Aber das ist für sich genommen auch nicht wichtig. Das Wertvollste an diesen Psycho-Biographien ist nicht die Rekonstruktion der Kindheit des Künstlers, sondern die Aufdeckung der in seinem Werk ausgedrückten Phantasien. Manche seiner Studien über künstlerische Werke haben zu neuen Entdeckungen geführt. So enthielt sein Buch über Leonardo zum ersten Mal die Beschreibung einer bestimmten Form von Narzißmus und narzißtischer Objekt-Wahl. Es beschreibt die Transformation der Brustwarze zum Penis und illustriert viele weitere Aspekte der infantilen psychosexuellen Entwicklung. In *Dostojewski und der Vatermord* veranschaulicht Freud seine bereits gewonnenen Einsichten in bezug auf das universelle Thema des Ödipuskomplexes und des Vatermords. Aber obwohl er diese Phänomene schon früher beschrieben hat, gewinnt er doch aus den *Brüdern Karamasow* neue Einsichten. So beschreibt er z. B. die Spaltung der Persönlichkeit in viele Charaktere in diesem Buch vielleicht klarer als in sämtlichen klinischen Studien oder theoretischen Formulierungen.

In anderen Arbeiten widmet sich Freud Themen, die mit allgemeingültigen Problemen zu tun haben, ohne daß er versucht, sie mit einer direkten Psycho-Biographie des Autors zu verknüpfen. In seinem Aufsatz *Das Motiv der Kästchenwahl* (GW X) beschreibt er zum Beispiel die Beziehung zu den drei Aspekten der Mutter: zu der, die Liebe gibt, zu der, die zur Partnerin wird, und zu der, die den Tod bringt. Er meint, daß die Entscheidung des Antonius im *Kaufmann von Venedig* für das dritte Kästchen, das aus Blei, die Entscheidung für den Tod bedeutet. Ebenso deutet er Cordelia im *König Lear* als Symbol für den Tod, und er faßt Lears Versöhnung mit Cordelia als Versöhnung mit dem Tod auf. „So überwindet der Mensch den Tod, den er in seinem Denken anerkannt hat. Es ist kein stärkerer Triumph der Wunscherfüllung denkbar." (Freud GW X, Seite 34).

Ein weiterer Aspekt, der Freud beschäftigte, war die Fähigkeit des Künstlers, seine Charaktere mit einem Unbewußten auszustatten, ohne sich dessen selber bewußt zu sein. So analysiert er in *Der Wahn und die Träume in W. Jensens ,Gradiva'* (Freud 1907, GW VII) den Traum der Hauptfigur im Zusammenhang mit anderen Aktivitäten und Wahnvorstellungen dieser Figur und zeigt, daß der Schriftsteller ein unbewußtes Wissen von der Bedeutung des Traumes hat. Dafür gibt es ein amüsantes Beispiel in seiner kurzen Analyse der Kurzgeschichte von Stefan Zweig, *24 Stunden im Leben einer Frau*, einem Anhang zu seiner Arbeit über Dostojewski (1928). Die Heldin dieser Geschichte ist eine Witwe, und ihre Söhne werden erwachsen und brauchen sie nicht mehr. Sie verliebt sich in einen jungen Spieler, der genauso alt ist wie ihr ältester Sohn. In seinem kurzen Essay beschäftigt sich Freud mit dem Problem des Spielens und der Masturbation, aber natürlich bezieht er die Leidenschaft der Frau für den jungen Mann auf den Verlust ihres Sohnes und zeigt durch diese Verknüpfung den ödipalen Inhalt der Geschichte. Das Amüsante daran ist, daß Stefan Zweig selbst sich dieser Verbindung überhaupt nicht bewußt war, die er dadurch schafft, daß er dem Geliebten und dem Sohn das gleiche Alter gibt. Er meinte, dies sei völlig zufällig gewesen. Heute haben wir natürlich alle entweder Freud gelesen oder sind zumindest in einer Kultur aufgewachsen, die voll von seinen Ideen ist. Es kann sein, daß ein Schriftsteller solch eine Sequenz bewußt ausgewählt hat und sich im klaren war über ihre Verknüpfungen, aber Freud zeigt, daß das intuitive, unbewußte Wissen von solchen Mustern zur Ausstattung des Künstlers gehört. Der Autor fügte das Detail des Alters des jungen Mannes ein, weil es sich vom künstlerischen Standpunkt aus intuitiv richtig anfühlte.

In den meisten Schriften Freuds wird das eigentliche Problem der künstlerischen Kreativität nur am Rande berührt, aber es wird berührt. In *Leonardo da Vinci* behauptet er zum Beispiel, Leonardo habe im Lächeln der Gioconda den Ausdruck des Lächelns seiner Mutter wiederbelebt, und in „Die Heilige Anna, die Heilige Maria und Jesus" habe er eine Integration seiner Mutter und seiner Stiefmutter schaffen wollen; dies spiegelt sich auch in dem formalen Aspekt des Gemäldes wieder, nämlich in seiner Pyramidenform. Aber meist streitet Freud mit der für ihn typischen Bescheidenheit ab, daß er irgend etwas beizutragen habe zum Verständnis, sei es vom Wesen der künstlerischen Begabung oder vom künstlerischen Wert einer Arbeit; aber dennoch zieht ihn dieses Problem immer wieder an.

Manchmal bezeichnet er die künstlerische Leistung als ein Geheimnis. In seiner Arbeit *Der Dichter und das Phantasieren* (1908, GW VII) nimmt er dieses Geheimnis direkter in Angriff. (Ich bin nicht glücklich mit der neuen Übersetzung von Freuds ursprünglichem Titel „Der Dichter" ins Englische, nämlich „Creative writers". Die alte Übersetzung lautete „The poet". Ich glaube, die größte Ähnlichkeit mit dem ursprünglichen Titel hat das schottische „The maker".) In dieser Arbeit nimmt er einen Vergleich und eine Gegenüberstellung zwischen dem kreativen Schriftsteller (und das gilt aus seiner Sicht für alle Künstler) und dem Tagträumer vor. Den Hintergrund für das Verständnis dieser Arbeit bildet Freuds Konzept vom Lust-Unlust-Prinzip und vom Realitätsprinzip. Wenn das Realitätsprinzip errichtet wird, so sagt Freud, bleibt ein Modus des seelischen Funktionierens von dieser Entwicklung abgespalten, nämlich das Phantasieren. In diesem Zusammenhang läßt uns Freud manchmal im unklaren, ob er dabei tiefes unbewußtes Phantasieren oder bewußtes Phantasieren meint. In dieser Arbeit nähert er sich dem Problem zunächst vom Blickwinkel der bewußten Phantasie – nämlich dem Tagträumen.

Der Tagträumer ignoriert in seinem Tagtraum die Wirklichkeit und läßt bei der Entfaltung seiner Wunschphantasien das Lust-Unlust-Prinzip regieren. Dies hat der Künstler mit dem Tagträumer gemeinsam: daß er eine Phantasiewelt erschafft, in der er seine unbewußten Wünsche erfüllen kann. In einem wichtigen Punkt aber unterscheidet er sich vom Tagträumer, indem er nämlich in seiner künstlerischen Schöpfung einen Weg zurück zur Realität findet; auf diese Weise ist sein Werk eher dem kindlichen Spiel verwandt, weil Kinder in ihrem Spiel die äußere Welt benutzen und nach ihren Wünschen formen. Freud macht deutlich, daß er dem Spiel nicht den Ernst gegenüberstellt – Spielen kann für das Kind sehr ernst sein –, sondern die Wirklichkeit. In seinem Spiel erschafft das Kind eine Welt, von der es weiß, daß sie nicht real ist. Wie das Kind in seinem Spiel, so erschafft der Künstler eine Phantasie-Welt, von der er weiß, daß sie nicht real ist – oder, wie ich eher sagen würde, daß sie nur in einem ganz bestimmten Sinne real ist. Sie hat eine eigene Realität, die sich von dem unterscheidet, was wir im allgemeinen als „real" bezeichnen.

Aber woher kommt es, fragt Freud, daß wir uns an dieser Phantasie-Welt erfreuen, an diesen Tagträumen des Poeten? Die Wünsche, die im Kunstwerk ausgedrückt werden, sind verdrängte Wünsche, die für das Bewußtsein nicht annehmbar sind. Was läßt uns sie annehmen, wenn sie von einem Künstler ausgedrückt werden? Freud gibt eine dreifache Antwort. Erstens muß die Phantasie des Künstlers ihren ausschließlich egozentrischen Charakter verlieren und etwas Allgemeingültiges berühren. Zweitens wird der Wunsch teilweise verhüllt. Er wird vielleicht etwas abgeschwächt, und er wird auf eine ähnliche Weise verschleiert, wie das in Träumen geschieht. Und drittens schenkt uns der Künstler das ästhetische Vergnügen, das uns von den verborgenen Gedanken ablenkt – ein Vergnügen, das uns dazu verführt, den verborgenen Gedanken zu akzeptieren. Er vergleicht das ästhetische Vergnügen mit dem Vergnügen der Vorlust beim Sex.

> Man nennt einen solchen Lustgewinn, der uns geboten wird, um mit ihm die Entbindung größerer Lust aus tieferreichenden psychischen Quellen zu ermöglichen, eine Verlockungsprämie oder eine Vorlust. (Freud, GW VII, S. 223)

Aber mit welchen Mitteln wird dies erreicht? Diese Frage, so gesteht er, verwirre ihn. Am nächsten kam er (wie er selbst bemerkt hat) der Antwort auf diese Frage tatsächlich in seinem Buch *Der Witz und seine Beziehung zum Unbewußten* (1905), in dem er bestimmte Mechanismen beschreibt, mit denen sich „die vergnügliche Entlastung von Hemmungen" erreichen läßt, wie er es formuliert hat (Wollheim 1973).

Man könnte sagen, daß Freud, indem er die ästhetische Befriedigung als nicht mehr denn eine Bestechung bezeichnet, als eine Art Verpackung für die wirkliche Triebbefriedigung, die ästhetische Erfahrung in ihrer Bedeutung schmälere. Und in diesem Punkt war er anfällig für Kritik.

1924 hielt Roger Fry vor der Britischen Psychologischen Gesellschaft einen Vortrag mit dem Titel „Der Künstler und die Psychoanalyse". Ich weiß, daß seitdem viele weitere gelehrte Arbeiten über Freuds Auffassung genau zu diesem Thema geschrieben worden sind, aber ich möchte mich auf diese eine konzentrieren, weil sie mir den Kern der Sache zu treffen scheint. Ich halte sie noch immer für die beste Darlegung der immer wieder geäußerten Kritik, daß der psychoanalytische Zugang zur Kunst sie in ihrem Wesen reduziere. Sowohl die Elemente, in denen Fry in seiner Kritik an Freud recht hat, als auch die, in denen er unrecht hat, sind es wert, betrachtet zu werden – auch deshalb, wie ich zugeben muß, weil Clive Bells Begriff der signifikanten Form, für den auch Fry sich starkmacht, mir in mancher Hinsicht sehr zusagt und weil einige ihrer Aussagen erhellend sind und mit der psychoanalytischen Sichtweise übereinstimmen. Ich werde im nächsten Kapitel auf sie zurückkommen.

Fry kritisiert Freud in drei Hauptpunkten. Erstens – und das ist vielleicht der wichtigste Punkt – stellt er den Gedanken der Wunscherfüllung in Frage. Er weist darauf hin, daß Freud in seiner Arbeit *Der Dichter und das Phantasieren* als Beispiel den beliebten Unterhaltungsroman anführt, der oberflächliche sexuelle oder ehrgeizige Wünsche verkörpert und erfüllt, und er stellt fest, daß genau dies nicht Kunst sei. Sein zweiter Einwand betrifft die Tatsache, daß Freud sich auf den Inhalt konzentriert, während das Wesentliche an der Kunst ihre Form sei. Und drittens widerspricht er dem Gedanken der Symbolik in der Kunst.

Was Freud die Emotionen nennt, die von der Kunst geweckt werden, nennen Fry und Bell „begleitende Emotionen", nicht ästhetische Emotionen im eigentlichen Sinne. Ein Kunstwerk kann alle möglichen Emotionen auslösen, von denen Bell manche begleitende nennt. Man kann sich zum Beispiel von einer Melodie angerührt fühlen, weil man sie zum ersten Mal gehört hat, als man einem Geliebten begegnet ist; oder man kann sich von seiner Nationalhymne bewegt fühlen, weil man Patriot ist. Ich glaube, Freuds Gedanke, daß wir uns mit einem erfolgreichen Helden in einem Kunstwerk ebenso wie in einem billigen Groschenroman identifizieren, würde zumindest teilweise zu den begleitenden Emotionen gehören. Aber unabhängig von diesen existiert ein ganz bestimmtes Gefühl, das die ästhetische Erfahrung darstellt. Bell sagt in bezug auf die Bildenden Künste:

> Es gibt eine bestimmte Art von Emotion, die von Werken der Bildenden Kunst hervorgerufen werden, und diese emotionale Bewegung wird von jeder Art bildender Kunst, von Bildern, Skulpturen, Bauwerken usw. hervorgerufen; dies wird meiner Meinung nach von niemandem bestritten, der in der Lage ist, sie zu fühlen. Dies Gefühl wird als ästhetisches Gefühl bezeichnet; und wenn wir in der Lage sind, herauszufinden, welche Qualität allen Gegenständen, die es hervorrufen, gemeinsam und eigentümlich ist, dann haben wir gelöst, was ich für das zentrale Problem der Ästhetik halte. Dann haben wir die wesentliche Eigenschaft eines Kunstwerks entdeckt, die ein Kunstwerk von allen anderen Klassen von Gegenständen unterscheidet.

Diese wesentliche Eigenschaft, die Bell postulierte, nannte er die signifikante Form.

> Diese Beziehungen und Kombinationen von Linien und Farben, diese ästhetischen Linien und Formen nenne ich die signifikante Form,

und die signifikante Form ist die eine Eigenschaft, die allen Werken der bildenden Kunst gemeinsam ist. (Bell 1914)

Und obwohl Bell nur von den Bildenden Künsten spricht, kann dies offensichtlich auch auf andere Künste ausgeweitet werden – besonders auf die Musik, die keinen in Worte zu fassenden Inhalt hat. Das Wesen dieses ästhetischen Vergnügens ist nicht leicht zu definieren, aber Fry sagt, es sei nicht von libidinöser Wunscherfüllung abhängig, sondern eher vom Erkennen unausweichlicher Sequenzen.

Das Vergnügen, das im Erkennen unausweichlicher Sequenzen besteht, ein Vergnügen, das, wie Sie sehen, dem Vergnügen entspricht, das wir erleben, wenn uns die unumgängliche Folge der Noten in einer Melodie deutlich wird; wiederum also ein Vergnügen, das aus der Betrachtung der Beziehungen und Entsprechungen der Formen entsteht. (Fry 1924)

Im ästhetischen Gefühl ist auch etwas Objektives und vom Interesse Unabhängiges enthalten, und etwas, das nach Fry der Suche des Wissenschaftlers nach der Wahrheit verwandt ist. Diese Kritik an Freud ist zum Teil berechtigt. Kunst besitzt zwar Ähnlichkeiten mit dem kindlichen Spiel und mit dem Tagtraum und mit dem Träumer, aber sie ist keines dieser Dinge.

Dennoch läßt Fry Freud zu wenig Gerechtigkeit widerfahren, weil er den Gedanken der Wunscherfüllung zu stark vereinfacht; aber in diesem einen Aufsatz wird sich Freud in einer Hinsicht selbst nicht gerecht. In späteren Arbeiten – zum Beispiel in seiner Erörterung von Michelangelos „Moses" – legt er die Betonung viel stärker auf den unbewußten Konflikt; wir müssen uns aber daran erinnern, wie Professor Wollheim in seinen Arbeiten über Freuds Ästhetik betont (Wollheim 1973), daß nahezu alle Arbeiten Freuds über Kunst vor seiner Strukturtheorie geschrieben wurden, und daß er seine neuen Einsichten nicht auf seine theoretischen Aussagen über Kunst anwandte. So hätte zum Beispiel sein Konzept des Durcharbeitens eines unbewußten Konfliktes ihn in die Lage versetzt, Kunst als Arbeit statt als Tagträumen oder Spielen zu verstehen. Es hätte auch Licht in das Problem der sogenannten Wunscherfüllung gebracht, denn es hätte dann auch die Frage aufgeworfen, welcher Wunsch erfüllt würde – der des Es, des Ich oder des Über-Ich, der aggressive oder der libidinöse.

In seiner Arbeit von 1908 spricht Freud vom unbewußten Wunsch und von

Verdrängung, aber in seinem Essay über Dostojewski (1928) stellt er eindeutig fest, daß das Kunstwerk die entgegengesetzten Ziele des Es und des Über-Ich miteinander versöhnen soll. Soweit es in der Kunst um Wunscherfüllung geht – und das muß es, denn in allen menschlichen Aktivitäten ist Wunscherfüllung enthalten –, handelt es sich nicht um eine einfache, omnipotente Erfüllung libidinöser oder aggressiver Wünsche. Es geht um die Erfüllung des Wunsches, ein Problem auf ganz bestimmte Weise durchzuarbeiten, und nicht um das, was unter Wunscherfüllung verstanden wird, nämlich Omnipotenz. Die meisten seiner Schriften über Kunst schrieb Freud vor seiner Konzeptualisierung des unbewußten Ich (des Teils des Unbewußten nämlich, der Konflikte differenziert und durcharbeitet). Das Kunstwerk ist, so denke ich, eine Ausdrucksform dieses Durcharbeitens. Das Wesen des psychischen Konflikts und die Art, wie der Künstler ihn mit seinem unbewußten Ich zu lösen versucht, kann vielleicht ein Licht auf die signifikante Form werfen. Dies wird das Thema meines nächsten Kapitels sein.

Auch der Inhalt und die Form sowie die begleitenden und die rein ästhetischen Gefühle lassen sich in Wirklichkeit nicht voneinander trennen, ohne daß die ästhetische Erfahrung reduziert wird. Picassos „Guernica" zum Beispiel appellierte mit kalkulierter Intensität an alle Emotionen, die die Bombardierung von Guernica ausgelöst hatte. Wir können solche begleitenden Gefühle nicht vom ästhetischen Wert trennen. Das unmittelbare, begleitende Gefühl zum spanischen Bürgerkrieg führt zu den Kriegen überhaupt, wie in Goyas schwarzen Bildern. Solche Gefühle sind, anders als zufällige begleitende Emotionen, universell, und das – bewußte oder unbewußte – Ziel des Künstlers ist, sie hervorzurufen. Und bei einem Kunstwerk führt der Weg nicht nur vom aktuellen Krieg zum Krieg im allgemeinen, sondern auch zu dem, was solche Kriege in unserem Unbewußten repräsentieren. Der Kopf des sterbenden Pferdes in Picassos Gemälde zum Beispiel erweckt wahrscheinlich früheste oral-sadistische Phantasien mit dem Gefühl, sowohl der Aggressor als auch der Angegriffene zu sein. Das Pferd ist ein sterbendes Opfer, aber es sind seine eigenen riesigen Zähne, die hervorstechen, und die, so glaube ich, seine und unsere orale Aggression symbolisieren. Auch die gebrochenen Linien, die zerstückelte Darstellung der menschlichen und tierischen Gestalten entsprechen unbewußten Phantasien von zerstückelten Objekten, Opfern des Sadismus. Die starke Wirkung kommt von Picassos Fähigkeit, über begleitende Emotionen Gefühle tief im Unbewußten zu mobilisieren. Und das ist der Grund, warum ein solches Werk viel länger lebendig bleibt als die Erinnerung an die tatsächlichen Ereignisse, mit denen es zu tun hatte. Ähnlich können zum Beispiel Liebesgedichte starke begleitende Gefühle wecken, die mit unseren eigenen Erfahrungen als Liebende zu tun haben, aber das Gedicht erreicht tiefere Gefühle.

Abstrakte Künstler andererseits versuchen, jedes begleitende Gefühl zu vermeiden, aber auch sie können mit der reinen Form nur dann Erfolg haben, wenn sie damit tiefere unbewußte Gefühle ausdrücken können. Wenn sie das in ihrem Werk nicht schaffen, wird es rein dekorativ und kann zwar Vergnügen bereiten, nicht aber tiefe ästhetische Gefühle auslösen.

In gewisser Weise erkennen Fry und Bell dies sogar an. In den Schlußfolgerungen seines Aufsatzes sagt Fry:

> Es sieht so aus, als habe die Kunst Zugang zum Substrat aller emotionalen Farben des Lebens gefunden, zu etwas, das allen besonderen und spezialisierten Gefühlen des konkreten Lebens zugrunde liegt. Die Kunst offenbart eine emotionale Existenz in Raum und Zeit und scheint damit aus den Bedingungen unserer Existenz selbst eine emotionale Energie zu beziehen. Allerdings kann es sein, daß Kunst gewissermaßen die übriggebliebenen Spuren wachruft, die von den verschiedenen Emotionen des Lebens im Geist zurückgeblieben sind, ohne daß die Erfahrungen selbst wieder in Erinnerung gerufen werden. So empfinden wir ein Echo des Gefühls, ohne daß damit die Begrenzung und die besondere Richtung verknüpft ist, die es im Erleben hatte. (Fry 1924)

Als Freud die Form in der Kunst mit der Vorlust vergleicht, stellt er sich die Frage, welches die eigentliche Lust ist. Ich glaube, daß die eigentliche Lust nicht, wie Freud manchmal dachte oder wie es beim Witz der Fall ist, eine vergnügliche Entlastung von Hemmungen bedeutet, sondern daß sie tatsächlich die ästhetische Lust selber ist. Und bezeichnenderweise warf Freud in einer seiner erhellenden Nebenbemerkungen ein Licht auf das Thema der Form. Bei einem Treffen der Wiener Psychoanalytischen Gesellschaft 1909 merkte er an, daß ein Inhalt in der Regel seine Geschichte habe und daß sich in bezug auf die Kunst sehr wohl sagen lasse, daß die künstlerische Form den Niederschlag eines älteren Inhalts darstelle.

Und für das Verständnis dieses Niederschlags ist das Konzept der unbewußten

Symbolik entscheidend. Bell und Fry selber teilen uns nicht genug über die signifikante Form mit; was macht sie signifikant? Es genügt nicht zu sagen, daß sie eine besondere Kombination von Linien und Formen darstelle.

Fry sagt: „Sofern der Künstler reiner Künstler ist, lehnt er jede Symbolik ab." Aber er bezieht sich hier auf bewußte Symbolik, die für die formalistische Schule ein besonders rotes Tuch war. Er versteht nichts von echter, dynamischer, unbewußter Symbolik. Ich glaube, daß eine Form, sei sie musikalisch, bildlich oder verbal, uns so tief bewegen kann, weil sie symbolisch eine unbewußte Bedeutung enthält. Mit anderen Worten: Die Kunst enthält, symbolisiert und evoziert im Empfänger eine bestimmte Art archaischen Gefühls präverbaler Art.

Mit Zustimmung zitiert Bell Mallarmés Bemerkung über Gautier: „Er verbannt den Traum, was ein Dichter als allererstes tun muß." Proust läßt Elstir, den Maler, das Gegenteil sagen: „Wenn ein kleiner Traum gefährlich ist, so besteht die Abhilfe dafür nicht darin, weniger zu träumen, sondern mehr – nämlich den ganzen Traum." Welche dieser Aussagen, die beide so überzeugend klingen, ist die zutreffende? Ich denke, das hängt davon ab, was man unter „Traum" versteht. Wenn man damit eine Wunscherfüllungsphantasie meint, die auf der Verleugnung innerer und äußerer Realitäten beruht, dann hat sicherlich Mallarmé recht. Aber wenn man mit dem Traum Imagination, Vorstellungskraft meint – nämlich so tief und echt wie möglich mit den Inhalten der eigenen Seele in Berührung zu kommen –, dann hat Elstir recht. Es sind die Tiefen seines Traumes, seines unbewußten Phantasielebens, in denen der Dichter seine Inspirationen findet.

In seinem späteren Werk – z. B. in der *Neuen Folge der Vorlesungen* (1933) – stellt Freud eindeutig fest, daß die Wurzeln der Kunst im tiefen, unbewußten Phantasieleben liegen. Und er vermutet, daß die Verdrängung beim Künstler um einiges lockerer ist, was entscheidend für seine Fähigkeit ist, Phantasien auszudrücken. Freud macht seine Argumentation allerdings wieder angreifbar, indem er auf Formulierungen zurückgreift ähnlich denen in *Der Dichter und das Phantasieren*, wo er über die Beziehung des Künstlers zur Realität spricht. Er sagt, der Schriftsteller scheitere in der Wirklichkeit und wende sich der Phantasie zu, kehre aber durch sein Werk zur Realität zurück, die ihm dann das bringe, wonach er suche: „Ehre, Macht und die Liebe der Frauen". Dies ist eine der Formulierungen, mit denen sich Freud Angriffen aussetzt, denn es ist ja bekannt, daß echte Künstler um der Integrität ihrer Kunst willen oft Geld, Macht, Stellung und möglicherweise die Liebe der Frauen opfern. Wie es in Wirklichkeit auch Freud selber tat, als er seine Karriere aufs Spiel setzte, Schmähungen auf sich zog, um der Wahrheit willen, die er entdeckt zu haben glaubte.

Und an dieser Stelle müssen wir auf das Lustprinzip und das Realitätsprinzip zurückkommen. Die Arbeit des Künstlers ist nicht, wie Freud ursprünglich dachte, überwiegend auf das Lustprinzip gerichtet. Freud sagt, der Künstler finde einen Weg zurück zur Realität, aber ich glaube, daß der Künstler in ganz wesentlicher Hinsicht niemals die Realität verläßt. Ich stimme Bell darin zu, daß das Wesen der ästhetischen Erfahrung etwa mit Gefühlen wie Unausweichlichkeit und Wahrheit zu tun hat, dem Gegenteil also von omnipotenter Wunscherfüllung. Die Wahrheit, nach der der Künstler sucht, ist in erster Linie die psychische Wahrheit. Und natürlich war es Freud selber, der uns gelehrt hat, wie wichtig die psychische Realität ist.

In dieser Hinsicht unterscheidet sich der Künstler wesentlich vom Tagträumer. Wo der Tagträumer mit Hilfe einer omnipotenten Wunscherfüllungsphantasie und der Verleugnung äußerer und innerer Realitäten den Konflikt vermeidet, strebt der Künstler danach, seinen Konflikt aufzuspüren und in seinem Werk zu lösen. Er strebt nicht nach einfachen Lösungen. Aber Freud war selbst ein Künstler, und er wußte, wie ich glaube, weit mehr über Kunst und die ästhetische Erfahrung, als er sich selber zugestand und als er in seine theoretischen Formulierungen über Kunst einbezog. Seine Arbeit über Michelangelos „Moses" ist in dieser Beziehung sehr eindrucksvoll. Sorgsam analysiert er die Stellung von Moses' Bart und seiner rechten Hand und den Tafeln, die diese Hand halten soll. Und von dieser Analyse schließt er auf die vorangegangene Bewegung: „Die Bartguirlande wäre die Spur des von dieser Hand zurückgelegten Weges. . . . und diese neue Stellung, die nur durch die Ableitung aus der ihr vorhergehenden verständlich ist, wird jetzt festgehalten." (Freud GW X, S. 188 und 189)

Und über die Tafeln: „Da stellt sich nun die Auffassung ein, daß auch die Tafeln durch eine abgelaufene Bewegung in diese Position gekommen sind . . ." (ebd. S. 190)

Diese sorgsame Analyse der Skulptur zeigt, daß ihre Dynamik auf die unnatürliche Stellung des Bartes, der Hand und der Tafeln zurückzuführen ist und auf diese Weise den Übergang von einem inneren Zustand in einen anderen vermittelt.

Wir wollen dies nun damit vergleichen, wie Rodin Bewegung beschreibt. In seinem Gespräch mit Paul Gsell erklärt Rodin (1911), warum die Fotografie eines Körpers in Bewegung unbewegt erscheint, wie gut die Aufnahme auch immer sein mag. Das komme daher, weil sie nur einen einzigen Augenblick der Bewegung abbilde und darin fixiert bleibe. In einer Skulptur sei die Stellung der Glieder eigentlich unnatürlich, weil sie Reste der vorangegangenen Stellung enthalte. Er zeigt, daß sein „Heiliger Johannes", der sehr intensiv den Eindruck erweckt, als gehe er, beide Füße auf dem Boden hat. Wäre ein Gehender in einer entsprechenden Stellung fotografiert worden, so wäre sein rückwärtiger Fuß bereits angehoben gewesen. Und er demonstrierte das an einer Reihe weiterer Skulpturen. Seine Analyse der Beinstellung entspricht Freuds Analyse der Stellung von Moses' Hand. Was Freud als das „Geheimnis" der Dynamik der sitzenden Gestalt herausarbeitet, ist also tatsächlich, zumindest nach Rodin, ein allgemeines ästhetisches Gesetz. Die Beschreibung Freuds betrifft „die Mittel", mit deren Hilfe der Künstler seine Wirkung erzielt. Er sieht in Michelangelos „Moses" einen großen Mann, der einen starken Zorn überwindet. Dieses Gefühl wird mit Hilfe einer Bewegung ausgedrückt. Auch Rodin betont in seinem *Dialogue*, daß Emotion mit Hilfe von Bewegung ausgedrückt wird. Weitere Analysen, die Rodin vorgenommen hat, kommen denen Freuds ebenfalls nahe. Er äußert sich über das Wesen der Ähnlichkeit zwischen einer Büste und dem Modell. Er sagt, die Fotografie sei niemals in dem Sinne wirklich ähnlich wie eine Büste, weil sie nur die Oberfläche berühre und nur den Eindruck eines Augenblicks festhalte, während die Büste von verschiedenen Seiten verschiedene Gefühle und den Übergang zwischen ihnen vermitteln könne. Rodin deutet außerdem an, daß er Haltungen und Gefühle porträtiert, deren sich das Modell nicht bewußt ist. Seiner Meinung nach mögen Personen, die Modell sitzen, die Büsten, die von echten Bildhauern gemacht werden, fast nie, weil sie Seiten ihrer Persönlichkeit zeigen, die sie nicht kennen oder die sie nicht kennen wollen. Diese Bemerkung Rodins trifft allerdings nicht nur auf Büsten zu, die nach einem Modell gestaltet wurden. Es ist sehr deutlich, daß seine Phantasie-Figuren nach denselben Grundsätzen von derselben Lebendigkeit erfüllt sind. Sie sind ebenso wie die Figuren eines bedeutenden Buches mit einem Unbewußten ausgestattet. Ich finde es faszinierend, wie nahe Freud in seinem Verständnis, wie es sich vielleicht besonders in Michelangelos „Moses" zeigt, den Ansichten eines der größten Bildhauer und Kunst-Lehrer kommt.

Und in dieser Arbeit kam Freud meiner Meinung nach am nächsten an das Wesen des ästhetischen Erlebens heran.

Was uns so mächtig packt, kann nach meiner Auffassung doch nur die Absicht des Künstlers sein, insofern es ihm gelungen ist, sie in dem Werke auszudrücken und von uns erfassen zu lassen. Ich weiß, daß es sich um kein bloß verständnismäßiges Erfassen handeln kann; es soll die Affektlage, die psychische Konstellation, welche beim Künstler die Triebkraft zur Schöpfung abgab, bei uns wieder hervorgerufen werden. (Freud GW X, S. 173)

Ich meine, dies ist eine höchst originelle und tiefsinnige Aussage, die nur selten als solche anerkannt und zitiert wird.

Ein weiterer großer Künstler drückt eine ähnliche Einsicht aus. Shelley schreibt in einem Notizbuch:

> Wenn es möglich wäre, daß jemand eine unverfälschte Darstellung seiner Geschichte von den frühesten Zeiten seiner Erinnerung an geben könnte, würde sich ein Bild ergeben, wie es die Welt noch niemals vorher gesehen hat. Allen Menschen würde ein Spiegel vorgehalten, in dem sie ihre eigenen Erinnerungen sehen und in schwachen Umrissen ihre schattenhaften Hoffnungen und Ängste erblicken könnten – all das, was sie nicht wagen, oder all die Wagnisse und Sehnsüchte, die sie dem Licht des Tages nicht aussetzen könnten. Aber das Denken kann, wenn auch mit Schwierigkeiten, die verwinkelten und gewundenen Räume aufsuchen, in denen es wohnt.
>
> (Shelley 1812)

Aber Freud zerbrach sich den Kopf über das doppelte Problem, „woher diese merkwürdige Persönlichkeit, der Dichter, seine Stoffe nimmt …" (Freud, *Der Dichter und das Phantasieren* GW VII, S. 113); das heißt: was für eine Konstellation und welche unbewußte Absicht sind das, und wie bringt „er es zustande …, uns mit ihnen so zu ergreifen"? Freud wußte, daß dies eine entscheidende Frage ist, und er gibt nicht vor, die Antwort darauf zu wissen.

7
Kunst und die depressive Position

Melanie Kleins erste Arbeit über Kunst, *Frühe Angstsituationen im Spiegel künstlerischer Darstellungen (Int. Zschr. Psa.* 15, 1929) beschäftigt sich mit der Quelle des Schaffenstriebes. In dieser Arbeit erörtert Melanie Klein zunächst ein Libretto von Colette für eine Oper von Ravel, *L'Enfant et les Sortilèges.* In diesem Libretto greift ein kleiner Junge in einem Wutanfall verschiedene Gegenstände in seinem Zimmer an und versucht, ein Eichhörnchen zu verletzen. Die Gegenstände werden lebendig, und sie – und auch kleine Tiere – wachsen, werden riesengroß und attackieren das Kind. Dann passiert es im Handgemenge, daß ein kleines Eichhörnchen verletzt wird und auf den Boden fällt. Von Mitleid ergriffen hebt der kleine Junge das Eichhörnchen auf. Sofort verändert sich die Szene. Gegenstände und Tiere werden freundlich, und der kleine Junge ruft „Mama", und einige Gegenstände und Tiere machen es ihm nach. Melanie Klein benutzt dieses Beispiel, um eine Angst zu beschreiben, die sie damals als eine Hauptangst kleiner Jungen ansah – und die mit deren phantasierten Angriffen auf den Körper der Mutter und den väterlichen Penis darin zu tun hat; und sie zeigt, wie die Verfolgungsangst, die dadurch ausgelöst wird, durch Wiedergutmachung modifiziert wird.

Das zweite Beispiel stammt aus der Biographie der schwedischen Malerin Ruth Kjär. Diese junge Frau litt immer wieder an Depressionen, in denen sie ein Gefühl hatte, als breite sich ein leerer Raum in ihrem Inneren aus. Eines Tages holte sich ein Maler sein Bild wieder, das sie sich von ihm geliehen hatte, und sie konnte den leeren Raum an der Wand nicht ertragen. Ihr Biograph sagt: „An der Wand war ein leerer Raum entstanden, der auf unerklärliche Weise mit dem leeren Raum in ihrem Inneren zusammenfiel ... der leere Raum blickte mit gräßlichem Grinsen auf sie herab."

Die Unerträglichkeit des leeren Raumes zwang sie, so meint ihr Biograph, selbst ein Bild zu malen. Und das war der Anfang einer erfolgreichen Karriere als Malerin.

Eines ihrer frühen Bilder stellte eine faltige alte Frau im Zustand untröstlicher Resignation dar. Eines der letzten Bilder war das Porträt ihrer Mutter, als diese jung und schön war. Sie wirkt wie eine „wunderbare Frau aus alten Zeiten". Der Biograph bemerkt dazu: „Der leere Raum war jetzt ausgefüllt."

Melanie Klein hat dieses Beispiel wie die vorherigen benutzt, um auf einige grundlegende Ängste zu verweisen, diesmal bei einem Mädchen. Und wieder betont sie die Rolle, die die Wiedergutmachung spielt, etwa in Gestalt der beiden Bilder, die ein sensibler Biograph ausgewählt hat. Aber in diesem zweiten Beispiel stellt Melanie Klein eine direkte Verbindung her zwischen diesem Bedürfnis nach Wiedergutmachung und dem Ursprung des Schaffenstriebes.

Mit dem, was Melanie Klein über Ruth Kjär gesagt hat, scheint sie zu wiederholen, was Fry über Cézanne gesagt hat. In seiner Einführung zu der ersten post-impressionistischen Ausstellung in England sagte er, sein Ziel sei „nicht, attraktive Bilder zu malen, sondern an seiner Rettung zu arbeiten". Kleins Artikel wurde 1929 geschrieben, d. h. vor ihrer entscheidenden Arbeit über die depressive Position. Aber was sie in Colettes Libretto an der Veränderung im Erleben des Jungen zeigt, ist genau das, was sie später als Verschiebung von der paranoiden zur depressiven Position bezeichnet. Ich finde es interessant, daß diese Arbeit jener über die Symbolbildung unmittelbar vorausgeht, weil die Symbolbildung meiner Überzeugung nach das eigentliche Wesen künstlerischer Kreativität darstellt.

In meiner 1952 geschriebenen Arbeit *Eine psychoanalytische Annäherung an die Ästhetik* habe ich die Meinung geäußert, daß der künstlerische Antrieb eine spezifische Beziehung zur depressiven Position hat. Das Bedürfnis des Künstlers ist, wiederzuerschaffen, was er in der Tiefe seiner inneren Welt empfindet.

Der Künstler nimmt als tiefstes Gefühl der depressiven Position innerlich wahr, daß seine innere Welt kaputtgegangen ist, und deshalb ist es für ihn notwendig, etwas wiederzuerschaffen, das sich wie eine heile neue Welt anfühlt. Das ist es, was jeder bedeutende Künstler tut: Er erschafft eine Welt. Wenn wir einen eindrucksvollen Roman lesen oder ein Bild betrachten oder Musik hören, werden wir in eine vollständig neue Welt hineingezogen. Und es ist eine ganz eigene Welt. Wie realistisch der Maler oder der Schriftsteller auch sein mögen – wenn zwei Maler dieselbe Landschaft oder dasselbe Porträt malen oder wenn zwei Romanautoren dieselbe Gesellschaft beschreiben, so erschaffen sie in Wirklichkeit ihre eigenen Welten. Shelley sagt:

> Und träumen
> von Wellen, Blumen, Wolken, Wäldern, Felsen und all dem, was wir
> in ihrem Lächeln lesen und Wirklichkeit nennen.

Diese Welt enthält Spuren einer Welt, die wir gekannt haben.

Prousts Hauptwerk *Auf der Suche nach der verlorenen Zeit* (1908-1912) enthält eine einsichtsvolle Darstellung des eigentlichen Schaffensprozesses. Er beschreibt ihn folgendermaßen:

> Ich mußte, was ich empfunden hatte, aus dem Schatten wiedergewinnen, es zurückverwandeln in sein psychisches Äquivalent. Aber die einzige Weise, die ich mir dafür denken konnte, war – was sonst? –, ein Kunstwerk zu erschaffen.

Und er erinnert sich an seine toten oder auf andere Weise verlorenen geliebten Objekte:

> Und natürlich war es nicht nur Albertine, nicht nur meine Großmutter, sondern noch viele andere, von denen ich mir vielleicht eine Geste oder ein Wort angeeignet hatte, die ich aber nicht einmal als eigenständige Personen erinnern konnte; ein Buch ist ein großer Friedhof, auf dessen Grabsteinen man die meisten verblichenen Namen nicht mehr lesen kann.

Er läßt auch erkennen, daß die Menschen auf seinem Friedhof zu seinem Unbewußten gehören. Man kann die Namen nicht mehr im einzelnen lesen (erinnern). Und er betont, daß nur die Tatsache, daß diese Objekte und die Vergangenheit verlorengegangen sind, den Anstoß und das Bedürfnis entstehen lassen, sie wiederzuerschaffen. „Nur dann, wenn wir das, was wir lieben, aufgegeben haben, können wir es wiedererschaffen", sagt Elstir, der Maler, zum Erzähler.

Proust betont auch, daß die einzige Möglichkeit für ihn, dies zu tun, darin besteht, daß er einen symbolischen Ausdruck dafür findet: Kunst ist ihrem Wesen nach die Suche nach einem symbolischen Ausdruck. Die Erschaffung dieser inneren Welt, so meine ich, bedeutet unbewußt auch die Wiedererschaffung einer verlorenen Welt. Das wird von Proust ausdrücklich festgestellt. Auch viele andere Künstler haben das ausgedrückt. In *The Prelude* beschreibt Wordsworth ähnliche Gefühle von Verlust und Wiedergewinnen, und er sagt, indem er sich auf seine Kindheitserfahrungen bezieht:

> How strange that all the terrors, pains, and early miseries,
> Regrets, vexations, lassitudes interfused

Within my mind, should e'er have borne a part,
And that a needful part, in making up
The calm existence that is mine when I
Am worthy of myself!

(*The Prelude*, Buch 1, Zeilen 344 ff.)

Wie seltsam, daß
Die Schrecken, Schmerzen, frühen Kinderleiden,
Daß Trübsal, Ärger, frühe Müdigkeiten,
Daß alles dies, gemischt in meiner Seele,
Teilhatte (und sehr wicht'gen Teil) am Werden
Des heitern Daseinsglücks, das heute mein ist,
Wenn meiner selbst ich wert bin!

Diese Passage folgt einer Schilderung von der Plünderung eines Nestes, und so gehört zu dem Bedauern in dieser Passage auch ein Gefühl von Schuld.

Andere Künstler haben häufig kein bewußtes Wissen vom Wesen ihres Schaffenstriebes. Joseph Conrad z. B. sagt in seinem Buch *Einige Erinnerungen* (1912), er habe keine Ahnung, woher sein Antrieb zu schreiben komme. Er begann mit Mitte 30 als vollkommen reifer Künstler, ohne Jugendphase, ohne frühe Versuche, zu schreiben. Er haßte es sogar, Briefe zu schreiben. Aber es gibt zwei Kurzgeschichten von ihm, von denen ich denke, daß sie einiges Licht darauf werfen können, wie er zum Schriftsteller wurde. Es sind *The Secret Sharer* (Conrad 1912) und *The Shadow-Line* (Conrad 1917). Die beiden Geschichten wurden zu verschiedenen Zeiten geschrieben und gehören zu unterschiedlichen Sammlungen, aber sie beziehen sich auf dieselbe Periode in Conrads Leben; es ist die Periode, in der er zum ersten Mal das Kommando hatte (tatsächlich hieß die Geschichte: The *Shadow-Line* zunächst *First Command* – Das erste Kommando); es war also die Zeit, kurz bevor Conrad anfing zu schreiben. Es gibt noch weitere Ähnlichkeiten zwischen ihnen. Conrad selber erwähnt, daß es seine beiden Geschichten über ruhiges Wasser sind; ihnen stellt er die beiden Geschichten vom Sturm gegenüber – *The Nigger of the 'Narcissus'* (1897) und *Typhoon* (1903). Außerdem hat in jeder der Held einen Doppelgänger. Beide werden von der Insel Koh-ring beherrscht: „Die Insel Koh-ring – ein großer schwarzer Gebirgskamm, der sich zwischen vielen kleinen Inseln erhebt und über dem glasigen Wasser liegt wie ein Riese unter Zwergen, erscheint wie das Zentrum eines tödlichen Kreises." Die dritte

Geschichte, die ebenfalls dazugehört, ist *The Heart of Darkness* (1902). Sie bezieht sich auf den Kongo, wo Conrad sein unvollständiges Manuskript beinahe verloren hätte.

In der ersten Geschichte ist der „heimliche Teilhaber" der Doppelgänger des Kapitäns, der einen Mord verübt hatte. In *The Shadow-Line* gerät ein Schiff sofort, nachdem es den Hafen verlassen hat, in eine Flaute. Die gesamte Mannschaft wird von einem Fieber ergriffen. Der erste Maat wird wahnsinnig und ist überzeugt davon, daß das Schiff vom Geist des früheren Kapitäns verfolgt wird, den er haßt und dem er den Tod gewünscht hat. Das Schiff steckt in der Flaute, und der junge Kapitän fühlt sich allein verantwortlich für das Schiff und das Leben seiner Männer. Die tödliche Flaute, die sterbenden Männer, das Gefühl, von dem Rachegeist eines toten Vaters verfolgt zu werden, und der Kapitän, der die einsame und ausschließliche Verantwortung dafür zu haben glaubt, sein sterbendes Schiff und seine sterbenden Männer lebendig zu machen – das ist das eindrucksvolle Bild einer Depression und des heroische Kampfes des Kapitäns gegen sie. Schließlich erreicht das Schiff den Hafen, und der Kapitän überlebt diese schwere Prüfung und geht reifer aus ihr hervor. Er hat die Schattenlinie zwischen Jugend und Mannesalter überschritten. Daß diese äußere Situation auch einen inneren Zustand ausdrückt, wird an dem Doppelgänger des Kapitäns, dem Steward des Schiffes, gezeigt. Der Steward, der dasselbe Alter wie der Kapitän hat und denselben Persönlichkeitstyp verkörpert, ist das einzige weitere Mitglied der Crew, das nicht an dem Fieber erkrankt ist, aber er hat eine tödliche Krankheit des Herzens. Als das Schiff sicher den Hafen erreicht, nimmt der Steward seinen Abschied und gesteht seine grauenhafte Todesangst, und er verläßt das Schiff mit dem Schmerz und dem Tod in seinem Herzen. Der Kapitän hatte den Tiefpunkt seiner Verzweiflung erreicht, als er entdeckte, daß es kein Chinin an Bord gab, und er das Gefühl hatte, es sei seine Schuld, weil er es nicht überprüft hatte. In diesem Moment beginnt er, um sich selbst vor dem Wahnsinn zu retten, ein Tagebuch zu schreiben. Er schrieb, „um an seiner Erlösung zu arbeiten".

Und in dem Moment, als Conrad mit seinem ersten Kommando fertigwerden mußte und, seinem Brief nach zu urteilen, von einer Depression gequält wurde, begann er zu schreiben.

Prousts Elstir ruft aus: „Man kann nur erschaffen, was man aufgegeben hat"; dies stimmt mit manchen Stellungnahmen Freuds zur Sublimierung überein, in denen er betonte, daß das Triebziel gehemmt, ein Verzicht geleistet werden müsse. Von den Objektbeziehungen aus betrachtet wäre ein solcher Verzicht zugleich der Verzicht auf den Besitz eines Objekts. Freud sagt außerdem, wir könnten ein Objekt nicht aufgeben, ohne es zu internalisieren. Diese Internalisierung macht das Objekt zu einem Bestandteil der psychischen Realität, der Realität, die der Künstler darzustellen hat. In *Der Moses des Michelangelo* stellte Freud fest, was der Künstler in seinem Werk nachzubilden suche, sei dieselbe „Affektlage, die psychische Konstellation, welche beim Künstler die Triebkraft zur Schöpfung abgab …" (Freud GW X, Seite 173). Wenn es diese Affektlage ist, mit der wir uns identifizieren und die wir wiedererleben können, so erklärt dies die tiefe Befriedigung und das besondere Hochgefühl, das uns jede ästhetische Erfahrung schenkt; sie ermöglicht uns, an einem schöpferischen Akt teilzuhaben.

Freud ließ sich zwar von Kunstwerken inspirieren und konnte die allgemeinen Phantasien, insbesondere den Ödipus-Mythos, darin analysieren, stand aber in bezug auf zwei Probleme vor einem Rätsel: was das Wesen des schöpferischen Antriebs sei und welches die Mittel seien, mit denen der Künstler sein Publikum gefangennehme und beschäftige. Ich glaube, eigentlich hängen diese beiden Probleme miteinander zusammen. Natürlich hat jeder Künstler seine eigene, individuelle Technik und seine eigenen besonderen Probleme und Gefühle. Und zu unterschiedlichen Zeiten und in unterschiedlichen Arbeiten drückt er verschiedene Facetten seines Erlebens aus. Aber gibt es gemeinsame Faktoren, die das Wesen dessen ausmachen, was in uns eine Empfindung auslöst, die uns veranlaßt, bestimmte Produkte, die sich sonst so sehr voneinander unterscheiden, als Kunst einzuordnen? Welches ist die „signifikante Form", die für Musik ebenso wie für Geschriebenes, Gemälde und andere Künste gilt? Natürlich ist dies das Feld des Kunsthistorikers und des Ästhetik-Philosophen. Dennoch glaube ich, daß Freuds Gedanke, es gehe dem Künstler darum, in demjenigen, der sich seiner Kunst zuwendet, dieselbe Konstellation unbewußter Gefühle auszulösen, die ihn selber motiviert hat – daß dieser Gedanke nahelegt, es müsse diesen Gefühlen etwas gemeinsam sein, das die Emotion wachruft, die wir die „ästhetische Erfahrung" nennen. Und wenn ich mit meinem Gedanken recht habe, daß diese spezifische Konstellation, um die es geht, im Tiefsten mit dem Versuch zu tun hat, einen depressiven Konflikt zu lösen, der auch die frühe ödipale Konstellation einschließt, dann müssen die Mittel dafür so beschaffen sein, daß sie sowohl den Konflikt selber als auch den reparativen Lösungsversuch ausdrücken.

Und an dieser Stelle, glaube ich, sind die ästhetischen Kategorien „schön" und „häßlich" hilfreich für uns. Schönheit wird normalerweise mit Harmonie, Rhythmus und Ganzheit in Verbindung gebracht. Fry spricht in der Rede, aus der ich zitiert habe, häufig von Harmonie. Herbert Read sagt, was wir als schön und rhythmisch empfinden, seien einfach arithmetische Proportionen, die dem entsprechen, wie wir selber gebaut sind und wie unsere Körper arbeiten.

Zwei britische psychoanalytische Autoren beschäftigen sich eingehend mit dem besonderen Problem von Häßlichkeit und Schönheit: Rickman in *On the nature of ugliness and the creative impulse* (1940) und Ella Sharpe in *Certain aspects of sublimation and delusion* (1930). „Häßlich" bedeutet für Ella Sharpe zerstört, unrhythmisch und mit schmerzhafter Spannung verbunden; Schönheit betrachtet sie im wesentlichen als Rhythmus und setzt sie gleich mit den Erfahrungen von Güte beim rhythmischen Saugen, bei einer befriedigenden Darmentleerung und beim sexuellen Verkehr. Für Rickman entspricht schön dem ganzen Objekt und häßlich dem aufgesplitterten, zerstörten. Und er sagt, daß wir uns von dem Häßlichen abgestoßen fühlen. Allerdings entspricht für diese Autoren das „Schöne" dem ästhetisch Befriedigenden. Das kann nicht sein. Wenn das der Fall wäre, dann wäre nichts schöner als ein Kreis oder ein rhythmischer Trommelschlag. Die ästhetische Erfahrung ist in meinen Augen eine besondere Kombination von dem, was als „häßlich" bezeichnet wird, und dem, was „schön" genannt werden könnte.

Rodin sagt:

> Was wir in der Realität „häßlich" nennen, kann in der Kunst zu etwas sehr Schönem werden. Wir nennen „häßlich", was formlos, ungesund ist, was an Krankheit, Leiden, Zerstörung denken läßt, was das Gegenteil von Regelmäßigkeit ist, dem Zeichen von Gesundheit ... Wir bezeichnen auch das Unmoralische, das Böse, das Kriminelle als häßlich und alles, was abnorm ist und Unglück bringt – den Elternmörder, den Verräter, den Selbstsüchtigen ... Aber laßt einen großen Künstler mit dieser Häßlichkeit umgehen; sofort verwandelt er sie – er berührt sie mit seinem Zauberstab, und es wird Schönheit daraus.
>
> (Rodin 1911)

In meiner Arbeit von 1952 ziehe ich als Beispiel für Kreativität die klassische Tragödie heran. Das Häßliche ist dort, so könnte man sagen, weitgehend im Inhalt enthalten. Er enthält das, was Rodin „häßlich" genannt hat, auch das emotional Häßliche – Hybris, Verrat, Vatermord, Muttermord – und die unausweichliche Zerstörung und den Tod der Beteiligten. Man wird unerbittlich mit den Kräften der Zerstörung konfrontiert; und mit dem Erleben der inneren Folgerichtigkeit und psychologischen Wahrheit bei der Darstellung solcher destruktiven Kräfte, die am Konflikt beteiligt sind, und ihrer unausweichlichen Folgen ist ein Gefühl von Schönheit verbunden. Außerdem gibt es ein Gegengewicht gegen die Gewalttätigkeit durch ihr Gegenteil, nämlich in der Form: der Rhythmus der Dichtung und die Aristotelische Einheit (von Ort, Zeit und Handlung) ergeben eine harmonische und besonders streng geordnete Form. Diese Form ermöglicht es, Gefühle einzubinden, die sonst nicht zusammengehalten werden könnten. Es ist der Zauberstab der Dichtung, von dem Rodin spricht, der die Häßlichkeit in Schönheit verwandelt – obwohl ich nicht ganz einverstanden damit bin, daß es ein „Zauberstab" ist, der da am Werk ist. Es ist die Arbeit des Künstlers, die diese Transformation bewirkt.

Bei meinen Betrachtungen über die Tragödie habe ich natürlich eine ziemlich willkürliche Unterscheidung zwischen Inhalt und Form vorgenommen, denn der gleiche Konflikt kann in der Form selbst ausgedrückt werden oder durch jede mögliche Kombination von Form und Inhalt. Bei der Tragödie ist es überwiegend der Inhalt, der die Aggression und die innere Katastrophe vermittelt, und es ist die Form, die die harmonische Welt wiederherstellt. In der kubistischen Kunst steckt das „Häßliche" im Zerbrechen der Form selber – das Schöne liegt in ihrer Rekonstruktion in Gestalt einer neuen Form.

Für den Ausdruck dieses Konflikts mit Hilfe der Form wie des Inhalts ist Picasso ein interessantes Beispiel. Als Picasso mit 19 Jahren Madrid besuchte, verfiel er in eine tiefe Depression, die ungefähr ein Jahr dauerte. Diese Depression scheint durch seine Begegnung mit wirklich großer Kunst ausgelöst worden zu sein, mit der er nicht mithalten konnte, insbesondere von Velázquez. In hohem Alter malte er das großartige Bild „Las Meninas", in dem er das Gemälde von Velázquez zerstückelte, auseinandernahm und dann auf seine Weise wieder aufbaute. Es ist, als habe er fast sein ganzes Leben dazu gebraucht, um das, was er in seiner Phantasie hatte kaputtmachen wollen – oder was er in seinem Inneren kaputtgemacht hatte, als er mit 19 Jahren depressiv geworden war –, wieder aufzubauen. Der Versuch dieser Rekonstruktion führte zur Erschaffung eines Werkes, das so originell und unsterblich wie das des Velazquez selber geworden ist. Hier ist der Inhalt des Bildes, spielende Kinder, ein fröhlicher, und die Absicht von Zerstörung und Wiederaufbau wird in der Form ausgedrückt.

Im vorigen Kapitel habe ich von dem Gemälde Guernica gesprochen. Das ist ebenfalls ein schönes Beispiel für den Prozeß, denke ich, auf dem die Kreativität beruht. Guernica ist ein Bild äußerster Zerstörung und Verwüstung. Was unterscheidet es von einer fotografischen Abbildung des Entsetzlichen? Wenn wir die Details betrachten, finden wir mitten in der allgemeinen Zerstörung in der Szene ein paar Gegensätze. In der oberen linken Ecke ist der Kopf eines Bullen, der den Eindruck außerordentlicher Losgelöstheit und Ruhe vermittelt. Parallel dazu, auf der rechten Seite, ist der Kopf einer Frau, die mit einer Art losgelösten Mitleids zusieht – eine Transformation der Marseillaise von Rude in eine trauernde, mitfühlende Gestalt. Die formalen Elemente scheinen in fast Leonardo-ähnlicher Weise ausgewogen. In den ersten Skizzen zu Guernica zeichnete Picasso ein Dreieck, in das er nur Lichter und Schatten einarbeitete. Die zerstörten Elemente, die zerbrochenen Glieder sind formal zu Ganzheiten geordnet. Rudolf Arnheim verfolgt in seinem Buch über dieses Gemälde, *Picassos Guernica – die Entstehung eines Bildes*, die Stadien der Entwicklung des Gemäldes von den frühen Skizzen bis zur endgültigen Form. An einer Stelle sagt er:

> Zu der Zeit, als die erste Skizze hergestellt wurde, bestand das gesamte Konzept im wesentlichen aus vier sehr einfachen und relativ unabhängigen Elementen – der aufrechten Gestalt eines Bullen, der auf dem Rücken liegenden Leiche des Pferdes, dem horizontalen Stock der das Licht tragendenden Frau und den undeutlich hingeworfenen Leichen auf dem Boden. Auf den späteren Skizzen läßt sich zeigen, wie Verbindungen wachsen: auf Skizze Nr. 6 reagiert das Pferd auf das Thema des Lichtes. Auf Nr. 10 tut der Bulle dasselbe, und das Pferd kommuniziert nun mit dem Krieger. Auf diese Weise beginnen sich Gruppen zu formen. Aber diese Gruppen sind zunächst genauso isoliert, wie es die einzelnen Gestalten zu Beginn waren. Auf Nr. 12 lassen sich nun drei ziemlich einfache Gruppen ausmachen: Der Bulle, das Pferd und der Krieger, die Mutter und ihr Kind. Auf Nr. 15 scheint ein Gewirr aus ungenügend koordinierten flehenden Gesten das Bild zu füllen. In den frühen Phasen des Wandgemäldes selbst hat das zentrale Dreieck, das die Opfer bilden, zunächst nichts mit der Gruppe des Bullen zu tun. Erst als der Kopf

des Pferdes erhoben und nach links gewendet ist und der Kopf des Kriegers sich dem Bullen zuwendet, ist eine Verbindung zwischen den beiden Gruppen entstanden.

Man beachte das sich wiederholende Thema: „Das Wachsen von Verbindungen läßt sich zeigen"; „Das Pferd kommuniziert nun mit dem Krieger"; „Gruppen beginnen sich zu formen"; „eine Verbindung zwischen den beiden Gruppen ist entstanden". Mit anderen Worten: es wird ständig an der Integration gearbeitet, indem Verbindungen hergestellt, formale Einheiten geschaffen werden, ein Rhythmus gefunden wird. Das Bild enthält auch eine emotionale Aufwärtsbewegung – im Gegensatz zu dem Entsetzen der Szene gibt es eine Bewegung des Lichts nach oben in Richtung auf die rechte Mitte und löst ein Gefühl aus, das ähnlich ist wie in einer gotischen Kathedrale.

Die Häßlichkeit der Zerstörung und Verwüstung wird in ein Objekt der Schönheit transformiert. Diese magische Transformation, von der Rodin gesprochen hat, wird durch einen Integrationsprozeß erreicht.

Echte Wiedergutmachung muß im Gegensatz zur manischen Wiedergutmachung die Anerkennung der Aggression und ihrer Folgen einbeziehen. Und es kann keine Kunst ohne Aggression geben. In Parabeln, die von Kreativität handeln, wie in Goldings *Der Turm* (1964) oder Patrick Whites *Der Vivisektor* (1970) wiederholt sich das Thema der Zerstörung und Wiedererschaffung ständig. Jocelyn, der Held aus dem *Turm*, ruft aus: „Wie viele Tote sind in unsere Türme eingebaut!", und: „Es gibt keine unschuldige Kunst". Der Maler, der Held aus *Der Vivisektor,* sagt, als er gefragt wird, warum er ein besonders grausames Porträt gemalt hat: „Um etwas von meinen Freveln wiedergutzumachen." Er sagt auch: „Ich wurde mit Messern in meinen Augen und meinen Händen geboren."

Ich halte es für bedeutsam, daß Freud in der Arbeit, in der er der Auseinandersetzung mit einem ästhetischen Problem am nächsten kommt, im *Moses des Michelangelo* nämlich, glaubt, die Erfahrung, die vermittelt werde, sei die Überwindung von Zorn, Verachtung und Verzweiflung.

Adrian Stokes beschreibt in *The Invitation in Art* (1965) anschaulich, daß der erste Schritt, mit dem ein Kunstwerk begonnen wird, Aggression enthält. Der Marmor muß geschnitten und behauen, Ton muß mit den Fäusten bearbeitet werden. Er beschreibt die Angst, die der Maler hat, bevor er den ersten Strich oder Farbklecks auf der jungfräulichen Leinwand anbringt, die Angst, die der

Schriftsteller hat, wenn er vor der jungfräulichen Seite sitzt. Wenn die erste Zeile geschrieben, der erste Strich gezeichnet ist, ist etwas Makelloses beschädigt worden, was nun gutgemacht werden muß.

Man könnte einwenden, daß das, was ich hier sage, für die Tragödie oder für romantische Kunst gilt und daß meine These selber ein romantisches Vorurteil enthält. Gilt sie z. B. auch für die klassische Kunst – für vollkommene, schöne Gestalten, an denen keine Zerstörung, keine Makel sichtbar werden? Ich glaube, ja.

Rilke sagt: „Denn das Schöne ist nichts als des Schrecklichen Anfang, den wir noch grade ertragen." Goethe wurde nach einer frühen romantischen Phase immer mehr zum klassischen Dichter. Im zweiten Teil des *Faust* möchte Faust ein Zauberspiel über Helena und Paris aufführen, und er muß dafür erschaffen, was er für die vollkommene, klassische Schönheit hält, nämlich Helena. Mephisto schickt ihn zu den Müttern; sie sind so furchterregend, daß selbst Mephisto nicht wagt, von ihnen zu sprechen, und er warnt Faust, er werde namenlosen Schrecken ausgesetzt werden, wenn er hingehe, wo es keinen Weg gebe:

> Kein Weg! Ins Unbetretene
> Nicht zu Betretende; ein Weg ans Unerbetene,
> Nicht zu Erbittende.

Er muß endlose Leere ertragen:

> Nichts wirst du sehn in ewig leerer Ferne,
> Den Schritt nicht hören, den du tust,
> Nichts Festes finden, wo du ruhst.

Wichtig ist auch, daß die griechische Kunst im Gegensatz zu ihren Nachahmungen in ihren Proportionen niemals wirklich perfekt ist. Immer gibt es irgendwelche „Makel", die wesentlich sind, damit man das Werk als lebendig empfindet. Nietzsche sagte von der griechischen Kunst, es gebe keine große Kunst ohne Spannung. Die Spannung, von der Nietzsche spricht, muß bis zum letzten Moment aufrechterhalten werden. Wie fröhlich und gelassen ein Werk auch sein mag, vermittelt es doch dem Unbewußten des Empfängers eine Spannung, die dem schöpferischen Prozeß zugrunde liegt. Nietzsche sagte, es sei die griechische Kunst (also die „klassische Kunst"), die uns gelehrt habe, daß es keine wirklich schöne Oberfläche ohne Tiefen voller Schrecken gibt. Und er spricht dabei von der klassischen Kunst par excellence.

Klee ist für mich ein besonders heiterer und in mancher Hinsicht fröhlicher Maler. Er selber sagt dazu folgendes: „Um eine lebendige Harmonie zu erreichen, muß das Bild aus Teilen konstruiert werden, die selber unvollständig sind und erst mit dem letzten Strich in Harmonie miteinander gebracht werden" – und dies sagt ein so sanfter und heiterer Maler! (Klee 1908) Außerdem glaube ich, daß die Auflösung niemals ganz vollständig ist. Wir müssen das Werk in unserem eigenen Inneren vervollständigen. Unsere eigenen Vorstellungen müssen die letzte Lücke überbrücken. (Anton Ehrenzweig macht uns 1948 darauf aufmerksam, daß eine Zeichnung immer aus unterbrochenen Linien besteht). Daher kommt, glaube ich, das Gefühl von Unerschöpflichkeit – immer wieder können wir ein Bild anschauen, einem Musikstück lauschen oder ein Gedicht lesen. Wir schöpfen die Möglichkeiten, es zu vollenden, nicht aus. Minderwertige Kunst gibt uns sozusagen alle Antworten. Sobald wir gesehen, gehört, gelesen haben, mag uns die Erfahrung gefallen, aber wir wünschen uns nicht, sie zu wiederholen.

Die Arbeit des Künstlers, die der Wiedergutmachung dient, ist niemals beendet. Picasso meinte, ein Bild sei niemals fertig. Man muß wissen, wann man aufhören und sich sagen muß, der Rest bleibe für das nächste Bild. Außerdem zeigt das fertige Werk Spuren dieser Unfertigkeit.

Kurz gesagt sehe ich folgende Verbindung zwischen dem Schaffenstrieb und den Mitteln, mit denen ein ästhetisches Gefühl hervorgerufen werden kann: Im Tiefsten hat der Schaffensakt etwas mit der unbewußten Erinnerung an eine harmonische innere Welt und mit der Erfahrung ihrer Zerstörung zu tun – also mit der depressiven Position. Der Antrieb gilt dem Wiederfinden und der Wiedererschaffung dieser verlorenen Welt. Die Mittel, dies zu erreichen, müssen eine Balance zwischen „häßlichen" und „schönen" Elementen herstellen können, und zwar so, daß beim Empfänger eine Identifizierung mit diesem Prozeß hervorgerufen wird. Die ästhetische Erfahrung hat auch beim Empfänger mit psychischer Arbeit zu tun. Das ist es, was sie von reiner Unterhaltung oder sinnlichem Vergnügen unterscheidet. Und wir wissen, daß sich die Menschen in ihrer Fähigkeit, solch eine Arbeit zu leisten, voneinander unterscheiden. Der Empfänger identifiziert sich nicht nur mit dem Schöpfer des Kunstwerks und erlebt dabei tiefere Empfindungen, als er es allein könnte, er spürt auch, daß es ihm überlassen bleibt, nach Vollendung zu streben.

Gegen meine Ansicht ist eingewandt worden, der Künstler stelle nicht etwas wieder her, sondern er erschaffe etwas Neues; ein Kunstwerk sei immer etwas Originelles und müsse es sein. Das ist wahr. Aber daß das eigentliche Kunstwerk ein Original ist und der Künstler, wenn auch nicht immer, nach Originalität strebt, bedeutet nicht, daß es im Unbewußten nicht als eine Wiederherstellung empfunden werden könnte. In Kapitel 2 spreche ich über eine Patientin, die davon träumte, daß sie ein Puzzle zusammensetzte, was bedeutete, daß sie ihre zerbrochene innere Familie wieder zusammensetzte. Das konkrete Buch, an dem sie gerade schrieb, hatte weder mit ihrer noch mit irgendeiner anderen Familie zu tun. Das Zusammenfügen des Buches selbst enthielt die unbewußte Bedeutung, etwas in ihrem eigenen Inneren wiederherzustellen. Es geht um eine innere Realität, die wieder hergestellt wird, so, wie Shelley es ausdrückt: „was wir Wirklichkeit nennen". Und jeder repariert seine eigene, seine individuelle Wirklichkeit.

Sowohl beim Künstler als auch beim Aufnehmenden entsteht oft das Gefühl, daß der Künstler eine Wirklichkeit nicht so sehr erschafft als enthüllt. Es wurde behauptet, niemand habe die Dunstschwaden über der Themse wahrgenommen, bis Turner sie gemalt habe. Wenn ein Gemälde eine Landschaft zeigt, die uns vertraut ist, dann erleben wir, daß Aspekte, Eigenheiten, Gefühle enthüllt werden, die wir vorher nie bemerkt haben. Bücher zeigen uns einen neuen Aspekt der Wirklichkeit. Ich glaube, das Empfinden von Wahrheit und Unentrinnbarkeit, das nach Fry zur ästhetischen Erfahrung gehört, hat etwas zu tun mit dem Gefühl, daß eine halb wahrgenommene, halb erfaßte Wahrheit aufgedeckt wird, und zwar als Entdeckung, nicht als Erfindung.

Es ist paradox, daß das Werk des Künstlers neu ist und dennoch aus dem Drang heraus entsteht, etwas wiederzuerschaffen oder wiederherzustellen. Dies Paradox gehört zum Wesen der Symbolbildung.

Ein weiterer Aspekt der künstlerischen Schöpfung, die etwas Neues darstellt, obwohl sie aus der Phantasie entsteht, etwas wiederzuerschaffen, betrifft die Rolle der Symbolbildung. Oft wird das Kunstwerk vom Künstler als symbolisches Baby empfunden. Auch in diesem Sinne wird es als etwas Neues erlebt. Jede reparative Tätigkeit enthält ein symbolisches Element. Das Einmalige der künstlerischen Kreativität besteht darin, daß der gesamte reparative Akt in der Erschaffung eines Symbols besteht. In Prousts Worten: „Aber die einzige Weise, die ich mir dafür denken konnte, war – was sonst? –, ein Kunstwerk zu erschaffen."

Im dritten Kapitel, das sich mit Symbolen beschäftigt, betone ich, daß durch den in der depressiven Position entwickelten Symbolbildungsprozeß ein Symbol entsteht, das mit dem Objekt nicht gleichgesetzt wird; es ist das Ergebnis psychischer Arbeit und kann deshalb frei genutzt werden. Das Symbol stellt keine Kopie des Objekts dar – es ist etwas, das von neuem erschaffen wurde. Die Welt, die der Künstler erschafft, wird von neuem erschaffen. Auch das hat mit einer Rekonstruktion zu tun, die der Wiedergutmachung dient. Es bedeutet, daß in der eigenen inneren Welt ein Elternpaar wiederhergestellt wird, das ein neues Baby erschafft. Es hat mich sehr berührt, als ich in der Analyse eines gehemmten Künstlers erlebte, wie er von der narzißtischen Position, in der das künstlerische Produkt die Bedeutung selbsterschaffenen Kots hat und von der ständigen Angst davor begleitet wird, daß es als Scheiße entlarvt wird, zur genitalen Position wechselte, in der die Schöpfung als ein Baby empfunden wird, das aus einem sinnerfüllten inneren Verkehr entsteht. Und das Kunstwerk wird dann als ein mit eigenem Leben erfülltes Werk empfunden, das den Künstler überleben wird.

Diese symbolische Wiedererschaffung ist ein psychischer Akt. Sie steht im Zusammenhang mit dem gesamten Problem der Beziehung des Künstlers zur inneren und äußeren Realität. Wenn der Akt des Zerstörens und Zerbrechens ursprünglich ein psychischer Akt ist und als solcher wahrgenommen wird, so kann auch die Wiedergutmachung in der psychischen Realität erfolgen. Wenn eine wirkliche Person so auseinandergebrochen worden wäre, wie Picasso seine Gestalten auseinanderbricht, so wäre sicherlich in der Wirklichkeit keine Wiederherstellung mehr möglich. Aber die psychische Realität ist ebenfalls sehr real; und der Künstler muß ständig mit der Angst vor dem kämpfen, was schließlich das Ergebnis seiner Anstrengung sein wird. Wenn er zum Beispiel gegen etablierte Regeln rebelliert, so treibt ihn die Sorge um, als wie wirksam und wertvoll sich erweisen wird, was er an ihre Stelle setzt.

Damit wird das ganze Problem der Beziehung des Künstlers zur Wirklichkeit angesprochen. Im Volksmund ist der Künstler ein Träumer, der die Realitäten ignoriert. Und das ist zum Teil wahr – er kann z. B. verschiedene Aspekte der konkreten Realität außer acht lassen, aber auf eine sehr bedeutsame Weise muß die Beziehung des Künstlers zur Realität sehr hoch entwickelt sein.

Freud verglich den Künstler mit dem Tagträumer. Und es stimmt, daß der Dichter ein Tagträumer ist; aber er ist nicht nur ein Träumer. Freud betont, daß der Künstler zur Realität zurückkehre. Ich glaube, daß der Künstler die Wirklichkeit nie ganz verläßt. Zum einen hat er eine sehr genaue Wahrnehmung seiner inneren Realitäten, der inneren Realität, die er auszudrücken sucht; aber ein

Verständnis für innere Realität bedeutet immer auch die Fähigkeit, zu unterscheiden, was innen ist und was außen, und es bedeutet deshalb auch, einen Sinn für die äußere Realität zu haben – und dies ist ein grundlegender Unterschied zwischen Kreativität und Wahnbildung. Der Künstler muß eine besondere Realitätswahrnehmung für die Möglichkeiten seines Mediums und für seine Grenzen besitzen, Grenzen, die er nutzt und zugleich zu überwinden sucht. Er ist nicht nur ein Träumer, sondern ein Kunsthandwerker von höchstem Rang. Ein Kunsthandwerker ist vielleicht kein Künstler, aber ein Künstler muß ein Kunsthandwerker sein. Und normalerweise ist er sich dessen sehr bewußt.

In einem Interview sagte Arnold Wesker über die Arbeit des Schriftstellers:

> Aber ich glaube, zwei Dinge sind notwendig, um etwas Allgemeingültiges zu machen: das eine ist das, was man ausgewählt hat, die Metapher, für die man sich entschieden hat; das andere ist die Kraft des eigenen Wahrnehmungsvermögens für diese Metapher, dieses Material. Und wenn diese Wahrnehmungen überraschend oder lebendig sind, dann werden sie ankommen.
>
> *(The Guardian, 12. November 1988)*

Ich würde es folgendermaßen formulieren: Das eine ist die Erschaffung des Symbols, und das andere ist der realistische Bezug zu den konkreten Mitteln, mit denen man es ausdrückt.

Der Künstler ist noch auf eine weitere Art mit der Realität verbunden. Um eine Wiedergutmachung als vollständig erleben zu können, ist es wesentlich, daß er in der äußeren Welt etwas erreicht. Freud hatte recht damit, daß in gewissem Sinne der Künstler auch zur Wirklichkeit zurückkehrt. Er kehrt in die äußere Wirklichkeit zurück, indem er etwas in der und für die wirkliche äußere Welt tut. Die entscheidende Leistung bei der Überwindung der depressiven Position besteht für das Baby darin, daß es seine Mutter und andere bedeutsame Gestalten als wirklich äußere anerkennt und ihnen eine von ihm selbst unabhängige Existenz zugesteht. Ein zentraler Aspekt sowohl der Wiedergutmachung als auch des wachsenden Realitäts-Sinnes besteht darin, daß das Kind allmählich seine Phantasien von der eigenen omnipotenten Kontrolle aufgibt und in seinem Inneren die Mutter in ihrer unabhängigen Existenz akzeptiert, was ihre Beziehung zum Vater, weitere Schwangerschaften und andere Formen und symbolische Darstellungen der elterlichen Aktivitäten einschließt. Wenn also meine Annahme richtig ist, daß der Künstler in seinem Werk seine infantile depressive Position erneut durcharbeitet, dann muß er nicht nur etwas in seiner inneren Welt wiedererschaffen, das der Wiedererschaffung seiner inneren Objekte und deren Welt entspricht, sondern er muß es auch externalisieren, um es in der äußeren Welt lebendig werden zu lassen.

Manche Künstler haben ganz besonders stark das Gefühl, daß das Werk fast eine unabhängige Existenz erwirbt. So erschaffen sie zum Beispiel Personen und haben das Gefühl, daß sie nicht wissen, wie sich diese Personen entwickeln werden. Wenn das fehlt und wenn man die Hand des Autors den Charakteren zu sehr anmerkt, hat der Leser das Gefühl, daß die Personen gegen ihre Natur manipuliert wurden. Das Bedürfnis, schließlich ein Kunstwerk hervorzubringen, das in der äußeren Welt erschaffen werden muß und von dem man sich trennen muß, verursacht häufig große Qual. Ich habe bei kreativen Patienten Hemmungen in unterschiedlichen Stadien dieses Prozesses erlebt. Manche haben Schwierigkeiten, überhaupt anzufangen und dabei ein idealisiertes inneres Produkt zu verlieren; manche haben große Schwierigkeiten mit dem Fertigwerden. Solange das Werk noch nicht beendet ist, gehört es immer noch ihnen selbst. Manche Maler sind bekannt für ihr Widerstreben, ihre Bilder zu verkaufen. Sie haben nichts dagegen, sie fertigzustellen, solange sie in ihrem eigenen Besitz bleiben. Mit dem Gefühl, etwas erreicht zu haben, und mit dem Triumph, es zu Ende geführt zu haben, geht immer ein sehr schmerzhafter Trennungsprozeß einher. Ein bedeutender Aspekt der Wiedergutmachung besteht darin, das Objekt loszulassen. Und ein weiterer Wiedergutmachungsaspekt besteht natürlich darin, daß der Künstler sein Werk der Welt schenkt.

Einer meiner Patienten vermittelte mir einen sehr lebendigen Eindruck von der Beziehung, die zwischen dem Inneren und dem Äußeren hergestellt werden muß. Er mühte sich, etwas Bestimmtes zu schreiben – ich glaube, letzten Endes hatte er damit zu tun, megalomane und narzißtische Tendenzen in seiner Persönlichkeit zu überwinden, die seine Arbeit behinderten. Er beschrieb, wie er auf Hampstead Heath einen Schriftsteller traf, der dort entlangging und auf seine Schuhe schaute. Er sprach voller Anerkennung von ihm und sagte, er möge Leute, die so laufen, weil es bedeute, daß sie sich mit ihren eigenen Gedanken beschäftigen. Andererseits lobte er diesen Schriftsteller für seine besonders lebendige Beschreibung der Gegend um Heampstead Heath und ihrer Geschichte. Ich wies ihn darauf hin, daß der Schriftsteller dazu kaum in der Lage gewesen wäre, wenn er immer nur auf seine eigenen Schuhe geschaut hätte. Und danach hatte mein

Patient ein lebendiges Bild von einem bestimmten Prozeß: Er meinte, er müsse um sich schauen und aufnehmen; dann müsse er seinen Blick nach innen richten und schauen, was er daraus mache; und dann müsse er etwas „da draußen" machen, wenn er mit seinen Lesern spreche.

In diesem Kapitel habe ich immer wieder darauf hingewiesen, daß der Schaffensdrang aus depressiven Ängsten entsteht und daß das Ausdrücken dieser Ängste auf eine Weise, die für den Empfänger eine Bedeutung hat, Prozesse einschließt, die in der depressiven Position mobilisiert werden: die Fähigkeit zu symbolisieren, die Wahrnehmung der inneren und der äußeren Realität und die Fähigkeit, schließlich Trennung und Getrenntheit zu ertragen.

Übermäßige Abwehrmaßnahmen gegen eine Reihe von Gefühlen, die die depressive Position charakterisieren, können die künstlerische Kreativität hemmen, oder sie können sich in dem Endprodukt widerspiegeln. Schizoide und manische Abwehrmechanismen, denen die Verleugnung psychischer Realität zugrunde liegt, verderben die ästhetische Erfahrung. Rodin formuliert das besser, als ich es kann. Er stellt gegenüber, was in der Natur und was in der Kunst häßlich ist; er sagt:

> Häßlich in der Kunst ist alles, was falsch ist oder künstlich, alles, was hübsch sein will oder schön, statt ausdrucksvoll zu sein. Alles, was rührselig ist, affektiert ... alles, was eine Parodie von Schönheit oder Anmut ist, alles, was lügt ... Wenn ein Künstler, um die Natur schöner zu machen, den Frühling grüner macht, die Dämmerung rosiger, junge Lippen röter färbt, schafft er Häßlichkeit, weil er lügt.
>
> Ein Künstler, der seinen Namen verdient, empfindet alles in der Natur als schön, weil seine Augen, ohne zurückzuschrecken, die gesamte äußere Wirklichkeit akzeptieren – unfehlbar spiegelt sie wie ein offenes Buch die gesamte innere Wahrheit wider.

Für Rodin kommt alle künstlerische Schönheit daher, daß der Künstler sich den wirklichen Wahrnehmungen, den äußeren wie den inneren, stellt, und alles ästhetische Scheitern entsteht aus der Verleugnung innerer Wahrheit. Für mich klingt das, als spräche er von den Wahrnehmungen, die man macht, wenn man sich der depressiven Position stellt.

Ich betone immer wieder, daß der Antrieb für die künstlerische Kreativität im Wiedergutmachungsbedürfnis der depressiven Position liegt. Aber dies erfordert auch eine Integration und ein Durcharbeiten früherer psychischer Zustände; das Erleben von Chaos und Verfolgung muß ebenso integriert werden, wie der mit dem Beginn der Integration verbundene Verlust eines Idealzustandes. Es gibt eine Sehnsucht, den idealen Zustand der eigenen Seele und der Objekte so wiederzuerschaffen, wie er war, bevor die depressive Position erreicht wurde, die als sein Verderben empfunden wird. Oft richtet sich das Streben darauf, ein verlorenes und unerreichbares Ideal wiederzufinden. Baudelaire schreibt: „Aber das grüne Paradies der kindlichen Liebe,/Das unschuldige Paradies voller geheimer Lust/Ist es jetzt weiter weg als Indien oder als China?"

Adrian Stokes legt in *Invitation in Art* für mein Gefühl sehr überzeugend dar, daß eine der Schwierigkeiten in der Kunst darin besteht, daß sie sowohl die Sehnsucht nach einem idealen Objekt, mit dem man verschmelzen kann, befriedigen soll wie auch das Bedürfnis, ein ganzes, realistisch wahrgenommenes Objekt wiederherzustellen, eine getrennte Mutter, die nicht mit dem eigenen Selbst verschmolzen ist. Er meint, das besondere Erleben, in ein Kunstwerk hineingezogen und von ihm umfangen zu werden, enthalte Elemente der ursprünglichen Verschmelzung mit dem idealen Objekt, wie sie vor der depressiven Position erlebt werde. Aber der Künstler selber muß sich aus ihr auch lösen, um überhaupt kreativ zu sein. Dieser Prozeß wird uns wunderschön in Richard Holmes' *Footsteps* vermittelt; dort beschreibt er, wie er dazu kam, Biograph zu werden. Im Alter von 18 Jahren entschloß er sich, den Fußspuren von Robert Louis Stevenson zu folgen, die in *Travels with a Donkey in the Cevennes* beschrieben werden. Schritt für Schritt folgte er Stevensons Bahn und versuchte, sowohl die wirklichen Abenteuer seines Helden als auch seine psychische Verfassung zu rekonstruieren. Eines Tages kam er zu der alten Brücke von Langogne, die Stevenson überschritten hatte, und sah, daß sie kaputt war, abgebröckelt und von Efeu überwachsen. Es gab keine Möglichkeit, sie zu benutzen. Er mußte eine moderne Brücke nehmen. „Diese Entdeckung versetzte mich in die schwärzeste Trübsal." In der Nacht hatte er einen Traum, aus dem er mit neuen Gedanken erwachte:

> Er war wichtig für mich, denn wahrscheinlich war es das erste Mal, daß ich eine Ahnung davon bekam, was dieser Prozeß (eigentlich eine wirkliche Berufung), der „Biographie" genannt wird, in Wirklichkeit bedeutet. Ich hatte vorher nie darüber nachgedacht. Eine „Biographie" war ein Buch über das Leben von jemandem. Aber für mich sollte es eine Art Nachfolge werden; ich wollte den konkreten

Spuren nachspüren, die jemand auf seinem Weg durch die Vergangenheit hinterlassen hat, seinen Fußspuren folgen. Man würde ihn niemals einholen, nein, niemals würde man ihn wirklich einholen. Aber vielleicht, mit ein wenig Glück, könnte man darüber, wie man dieser flüchtigen Gestalt gefolgt ist, auf eine Weise schreiben, daß sie in der Gegenwart lebendig würde.

So dachte er mit achtzehn. Später schildert er die zwei Hauptstadien des Prozesses, eine Biographie zu schreiben. Das erste Stadium besteht in einer fiktiven lebendigen Beziehung und einer mehr oder weniger bewußten Identifizierung mit der Person, einer Art Heldenverehrung, einer Liebesaffäre, aber einer, die zugleich eine tiefe Identifizierung bedeutet, eine Form von Identifizierung, die er auch als „Selbst-Projektion" (projektive Identifizierung?) bezeichnet. Dies, sagt er, sei gewissermaßen eine vor-biographische, vor-literarische innere Verfassung, die ein wesentliches Motiv dafür sei, in die Fußstapfen des anderen zu treten.

Aber der echte biographische Prozeß beginnt genau in dem Moment, an den Stellen, wo diese naive Form der Liebe und der Identifizierung zusammenbricht. Der Augenblick der persönlichen Desillusionierung ist der Augenblick unpersönlicher, objektiver Wieder-Erschaffung. Für mich war eine der ersten Gelegenheiten jene Brücke bei Langogne, die alte, zerstörte Brücke, die ich nicht überqueren konnte, und das plötzliche körperliche Empfinden, daß die Vergangenheit wirklich „ein anderes Land" sei.

Der Zusammenbruch von Idealisierung und Identifizierung löste in ihm die schwärzeste Trübsal aus, aber er war auch der schöpferische Augenblick. Später spricht Holmes von einer weiteren Entdeckung, nämlich, daß die einzelne Gestalt einer Biographie eine Chimäre ist,

fast so wie der Edle Wilde von Jean-Jacques Rousseau, der in großartiger asozialer Isolation lebt. In Wahrheit ist es fast umgekehrt: daß Stevenson ganz überwiegend in und durch den Kontakt mit anderen Menschen existierte ... in diesem Sinne trifft es zu, daß jede wirkliche biographische Evidenz die Evidenz einer „dritten Partei" ist, eine Evidenz von Zeugen.

Holmes sagt weiter:

> Auf diese Weise wird der Biograph ständig aus dem fiktiven Verhält-
> nis, das er mit seinem Helden hergestellt hat, ausgeschlossen oder
> hinausgeworfen. Er ist wie der Nachrichtenreporter, dem etwas ver-
> traulich, inoffiziell berichtet wird und der dann damit nichts anfan-
> gen kann, bis er unabhängige Nachweise aus anderen Quellen gefun-
> den hat. Seine Lippen sind versiegelt, seine Hände gebunden. Sonst
> ist er unehrenhaft und macht sich strafbar, nicht nur vor den Ge-
> richtshöfen, sondern auch vor den Höfen der Wahrheit.

In diesen Passagen verdichtet Holmes zwei wichtige Aspekte der depressiven
Position. Der eine betrifft „die Evidenz", die objektive Beurteilung der Situation – wie in dem Traum meiner Patientin K. (Kapitel 4), in dem sie das Paar
auf der Lichtung beobachtet. Diese Fähigkeit zu beobachten kann noch vor der
triangulären Situation entstehen. Die wirkliche Kenntnis des Objektes mit seinen
guten und seinen schlechten Seiten, die Realitätsprüfung, ist jedoch eine Errungenschaft der depressiven Position. Wordsworth spricht von einem „Gefühl, das
sich in der Stille sammelt". Der zweite Aspekt betrifft Holmes' Feststellung, daß
der Biograph ständig ausgeschlossen wird aus dem fiktiven engen Verhältnis, das
er mit seinem Helden aufgebaut hat, und daß niemand isoliert existiert, sondern
nur im und durch den Kontakt mit anderen Menschen. Daher ist es nötig, die
trianguläre Situation anzuerkennen. Eine weitere Entdeckung der depressiven
Position besteht darin, daß man nicht eine Mutter wiederherstellen kann, ohne
die gesamte Familie wiederherzustellen, zu der sie gehört.

Holmes' gesamtes Buch beschreibt für mich auf sehr lebendige Weise sowohl
die schizoide Suche nach dem idealen Objekt, mit dem man sich identifiziert
und verschmilzt, wie den depressiven Schmerz, den der Künstler überstehen muß,
um es um der Wahrheit willen wieder aufzugeben. Und in dieser Beschreibung
scheint er zu vermitteln, wie sehr er die Getrenntheit braucht, die Anerkennung
der triangulären Situation, von der man ausgeschlossen ist, und wie nötig es ist,
eben nicht nur die geliebten Objekte wieder lebendig zu machen, sondern die
gesamte Welt, mit der das Objekt in Beziehung steht. Dies ist Biographie als
Kunst. Und es ist nicht überraschend, daß Holmes' Biographie über Shelley
allgemein als Meisterwerk anerkannt wird. Er vertrit in seinem Buch auch die
Ansicht, daß die Biographie im besten Falle eine in der Vorstellung vollzogene

Wiedererschaffung ist, aber eine, die sich so dicht wie möglich an das halten muß, was vermutlich die tatsächliche Wahrheit gewesen ist.

Biographien unterscheiden sich natürlich in vieler Hinsicht von einem ganz aus der Vorstellung entstandenen Kunstwerk. Und dennoch scheint mir, daß die Elemente, die er beschreibt, dieselben sind, die für jedes kreative Werk gelten: ein unaufhörliches Streben, die „unentrinnbaren Wahrheiten" zu rekonstruieren und Möglichkeiten zu finden, sie auf eine Weise zu symbolisieren, die uns drängt, dieses Streben erneut zu durchleben und weiterzuführen.

8
Vorstellungsvermögen, Spiel und Kunst

Unbewußte Phantasien bilden die Grundlage aller unserer Aktivitäten und färben sie, wie realitätsbezogen sie auch sein mögen. Aber bestimmte Phänomene und Aktivitäten sind unmittelbarer darauf ausgerichtet, unbewußte Phantasien auszudrücken, zu bearbeiten und zu symbolisieren. Nicht nur nächtliche Träume, sondern auch Tagträume, Spiel und Kunst fallen unter diese Kategorie. Viele Elemente sind ihnen gemeinsam. Freud zeigte die Nähe des Tagtraums zum Traum und des Tagtraums zur Kunst. Melanie Klein verglich das Spielen manchmal mit freien Assoziationen und Träumen, und sie hob die zentrale Bedeutung des Spiels für die gesamte Entwicklung des Kindes hervor, auch, was die Sublimierung betrifft, und betrachtete Spiel-Hemmungen als ein sehr ernstes Symptom. Kunst und Spiel unterscheiden sich allerdings vom Traum und vom Tagtraum, weil sie, anders als letztere, auch den Versuch bedeuten, Phantasie in Realität zu übersetzen.

Das Spiel ist eine Möglichkeit, die Wirklichkeit sowohl zu erforschen als auch zu bewältigen; es erlaubt, die Möglichkeiten und die Grenzen des Materials kennenzulernen, mit dem gespielt wird; außerdem erlaubt es dem Kind, seine eigenen Fähigkeiten und Grenzen herauszufinden. Spielen heißt auch, das Symbolische vom Wirklichen unterscheiden zu lernen. Das Kind ist sich bewußt, daß Spielen bedeutet, „so zu tun, als ob". Das kleine Kind, das aus Sand Kuchen backt, versucht manchmal, ihn zu essen oder andere damit zu füttern. Aber bald lernt es, daß Sandkuchen nicht zum Essen oder Füttern sind: es sind „Als-ob"-Kuchen. Ein normales Kind hindert das nicht am Spielen. Es genießt die Befriedigung, seine Phantasie auszudrücken, daß es Mutter oder Vater Koch ist, es genießt das Vergnügen, in der Wirklichkeit einen neuen, attraktiven Gegenstand gemacht zu haben. Sein Spiel kann dann immer einfallsreicher werden: es kann erforschen, was mit dem Sand noch gemacht und dargestellt werden kann, mit Sand, der nicht wirklich ein Kuchen ist und der deshalb auf viele verschiedene Arten gebraucht werden kann.

Das normale Spielen des Kindes ist eine wichtige Möglichkeit, einen Konflikt durchzuarbeiten. Ich erinnere mich daran, wie ich einen Jungen von nicht ganz drei Jahren beobachtet habe, dessen Mutter wegen der Geburt seines ersten Geschwisters einen Tag nicht zuhause war. Zunächst baute er für seinen hölzernen

Spielzeugzug ein komplexes Gefüge aus Gleisen. Er setzte kleine Spielzeugmenschen hinein, und sie hatten mehrere Zusammenstöße. Dann holte er Ambulanz-Wagen. Bald steckte er mit seinen kleinen Bauklötzen Felder ab und setzte Spielzeugtiere hinein. Es entstand ein kompliziertes Spiel, das darin bestand, männliche, weibliche und Baby-Tiere in die Felder und den Zug hineinzusetzen und wieder herauszunehmen. Es gab Kämpfe und Zusammenstöße; Ambulanz-Wagen kamen und retteten sie. Während der ganzen Zeit erzählte er sich selbst Geschichten. Er holte größere Spielzeugmänner, um den Verkehr zu regeln. Mit anderen Worten: Er stellte die Geburt neuer Babys und seine Konflikte damit auf viele verschiedene Arten dar. Für den interessierten Beobachter war es faszinierend zuzusehen.

Die Fähigkeit, frei zu spielen, hängt von der Fähigkeit zur Symbolbildung ab. Wenn die Symbolbildung gestört ist, kann das zu einer Spielhemmung führen. Bei einem autistischen Kind ist diese Hemmung fast vollständig. Eine Störung der Symbolbildung kann auch zu Spielformen führen, die ein Lernen durch Erfahrung und die Freiheit, das Spiel zu variieren, ausschließen. Wenn die Symbolbildung von primitiver projektiver Identifizierung beherrscht und das Spielzeug zu konkret mit dem symbolisierten Objekt gleichgesetzt wird, kann es nicht einfallsreich genutzt werden.

Das kleine psychotische Mädchen, das 1990 von Geissmann beschrieben wurde, konnte anfangs nur mit Kieselsteinen „spielen". Das „Spiel" beschränkte sich darauf, sie zu lutschen, sie auszuspucken oder sie als Waffe zu benutzen. Geissmann-Chambon beschreibt die Entwicklung der Fähigkeit des Kindes, mit Gegenständen zu spielen und zu zeichnen. Dick (Klein 1930) hatte wie dieses kleine Mädchen nur an wenigen Gegenständen Interesse, besonders an Türgriffen. An seinem Material ist zu erkennen, daß Gegenstände, die für andere Kinder Spielmaterial sein könnten, zu bedrohlich, zu sehr mit phantasierten Verfolgern identifiziert sind, um sich für vergnügliches Spiel zu eignen.

Spielen und nächtliche Träume haben gemeinsame Wurzeln. Spielen ist wie das Träumen eine Möglichkeit, eine unbewußte Phantasie durchzuarbeiten, und es kann in ähnlicher Weise gestört sein. Der Gegensatz zwischen dem Spiel des kleinen Jungen, von dem ich oben berichtet habe, und dem Spiel autistischer Kinder entspricht dem Gegensatz zwischen dem neurotischen und dem psychotischen Gebrauch von Träumen, den ich beschrieben habe. Kinder, die nicht psychotisch sind, können ihre psychotischen Phantasien im Spiel ausdrücken und sie auf diese Weise bewältigen und an der Realität überprüfen. Aber die Grenzen zwischen dem Psychotischen und dem Neurotischen sind fließend; oft bricht beim Spielen der psychotische Inhalt durch.

So geriet z. B. ein kleines, zweieinhalbjähriges Mädchen zu Beginn seiner Analyse völlig in Panik, wenn es beim Wühlen in seiner Spielschublade auf einen kleinen Spiellöwen stieß. Ein kleiner Junge, der zur Selbstdarstellung ein kleines rotes Auto benutzte, machte dieses Auto eines Tages aus Versehen kaputt. Er erschrak, versuchte, sich unter dem Rock der Analytikerin zu verstecken, klammerte sich an ihre Beine und zitterte. Es schien, als habe er das Auto in diesem Moment so empfunden, als *sei* er es, statt daß es *für ihn stehe*, und er hatte das zusammengebrochene kleine Autos erlebt, als sei er selber zusammengebrochen.

Unter solchen Umständen kann das Spielen zu einer Frage von Leben und Tod werden. Zwanghafte Abwehrmechanismen gegen solche psychotischen Ängste können das Spiel rigide machen, fast zu Zwangsritualen. Wenn psychotischer Inhalt durchbricht, dann muß das Spiel unter Umständen aufgegeben werden. Oder wenn Abwehrmechanismen gegen solche Ängste dabei übermäßig stark eingesetzt werden, dann kann es zwanghaft, rigide und monoton werden.

Wie die Träume, so steht auch das Spiel nicht in erster Linie im Dienste der Kommunikation; aber anders als bei Träumen wird es dann doch oft dafür genutzt. Häufig entsteht durch das gemeinsame Spiel eine Verbindung zwischen den Kindern. In der psychoanalytischen Stunde wird das Spielen – wie die Träume – rasch zum wichtigsten Mittel für die Kommunikation. Es gibt allerdings einen wichtigen Unterschied zwischen nächtlichem Träumen und dem Spiel: der Unterschied bezieht sich auf die Beziehung zur Realität.

Im nächtlichen Traum, dem „Königsweg", geht es nur darum, eine Phantasie-Lösung für ein Phantasie-Problem zu erreichen. „Es ist nur ein Traum." Nicht so beim Spielen, das eine wichtige Verbindung mit der Realität herstellt. Nach Ansicht Melanie Kleins ist das kindliche Spiel eine höchst bedeutsame Möglichkeit, eine symbolische Verbindung zwischen Phantasie und Realität zu schaffen; und das gemeinsame Spiel ist ein wichtiger Schritt in der Sozialisierung. Zwei können nicht gemeinsam träumen, aber zwei oder mehr können gemeinsam spielen.

Das Tagträumen ist wohl die Aktivität, die Freuds ursprünglicher Vorstellung einer libidinösen Wunscherfüllung am nächsten kommt. Es ignoriert die Realität weitgehend. In einem Tagtraum kann man ein Held sein, ein vollkommener Liebhaber, ein Genie oder was immer man möchte. Aggressive Phantasien können in Erfüllung gehen, indem man zum großen Krieger wird, Armeen befehligt,

Banden anführt usw. – obwohl auch der Tagträumer sich in der Regel als guter Mensch erleben möchte. Als Räuber wäre man dann eher ein Held vom Typ des Robin Hood. Das Tagträumen geht immer mit Spaltungen einher. Im Unterschied zum nächtlichen Traum ignoriert der Tagtraum die innere Realität und tiefere Konflikte. Er bedeutet eine omnipotente Wunscherfüllung. Er steht tatsächlich der ursprünglichen „Wunscherfüllung", wie Freud sie beschrieben hat, viel näher als der nächtliche Traum. Darum wiederholt er sich häufig immer wieder, ist flach und immer egozentrisch. Außer dem Tagträumer selbst gibt es darin meist nur Pappfiguren. Diese Art naiver Tagträume ist charakteristisch für die Latenz und die frühe Adoleszenz. Aber Erwachsene haben sie auch. Nur bei besonders stark abwehrenden, beschränkten und rigiden Personen fehlen Tagträume. Ohne Tagträume wird die Persönlichkeit sehr armselig und langweilig. Und der Verdacht liegt nahe, daß bei ihnen die unbewußten Phantasien zu bedrohlich sind, als daß ihnen der Zugang zum wachen Erleben oder zu einem Tagtraum erlaubt werden könnte. Unsere Tagträume enthalten oft unsere Pläne für die Zukunft, aber beim normaleren Erwachsenen werden sie dann an der Realität überprüft und verworfen oder verändert, wenn sie mit der Wirklichkeit in Konflikt sind. Wenn allerdings Tagträume mit unverminderter Häufigkeit und Intensität ins Erwachsenenalter hineinreichen und eine wichtige Rolle im psychischen Leben spielen, dann ist das normalerweise ein Zeichen für einen schizoiden Borderline-Zustand oder sogar für eine Psychose.

Einer meiner Patienten, der anfällig für psychotische Zusammenbrüche ist, verbringt, wenn er nicht psychotisch ist, Stunden damit, auf diese Weise zu phantasieren. Er stellt sich vor, ein großer Politiker oder Schriftsteller oder manchmal ein Mafia-Führer zu sein, eine nur leicht seinem jetzigen Alter angepaßte Version der Tagträume aus seiner frühen Pubertät. Seine anderen „Tagträume" sind unverhüllter sexuell. Aber selbst wenn sie nicht so offen sexuell sind, befindet er sich beim Tagträumen innerlich permanent in einer Verfassung, die masturbatorische Bedeutung hat, und ist völlig von der Realität abgeschnitten. Das führt zu einem anhaltenden circulus vitiosus: Je mehr er mit Tagträumen beschäftigt ist, um so weniger bewältigt er in der Realität; und je weniger er erreicht, desto mehr wird er in seine Tagträume hineingezogen. Wenn er unter akutem Streß steht, dann gewinnen die Tagträume die Oberhand, werden zu seiner Realität, und er erleidet einen psychotischen Zusammenbruch.

Tagträume dieser Art haben starken Abwehrcharakter und beruhen auf massiven Spaltungsprozessen, mit deren Hilfe Wahrnehmungen der Realität und unerwünschte eigene Persönlichkeitsanteile vollkommen abgespalten worden sind. Die projektive Identifizierung spielt dabei eine große Rolle: Während der Latenz und der Adoleszenz wird eine Identifizierung mit verschiedenen Helden vorgenommen. Beim pathologischeren Tagträumen kann die projektive Identifizierung völlig die Oberhand über die Persönlichkeit des Patienten gewinnen. Jemand, der seinen Tagtraum lebt, ist tatsächlich nicht er selber.

Verständlicherweise haben Tagträume in der Psychoanalyse eine schlechte Presse. Und dennoch sind sie nicht weit entfernt von einer Eigenschaft, die sich großer Wertschätzung erfreut, nämlich der Vorstellungskraft. Aus Tagträumen kann das Erzählen von Geschichten werden. Einer meiner Patienten war während seiner Latenz sehr mit Tagträumen vom Robin Hood-Typ beschäftigt, aber er erzählte auch Geschichten, die aus diesen Tagträumen stammten, um seine Geschwister zu unterhalten, und manchmal wurden diese Geschichten sehr einfallsreich. Das hätte dazu führen können, daß er Schriftsteller geworden wäre. Als Prousts Maler Elstir sagt: „Wenn ein kleiner Traum gefährlich ist, dann besteht die Heilung nicht darin, weniger zu träumen, sondern mehr zu träumen, nämlich den ganzen Traum", spricht er nicht von nächtlichen Träumen, sondern von Tagträumen. Er antwortet damit dem Erzähler, der ihm berichtet, seine Familie klage darüber, daß er zu viel Zeit mit Tagträumen verbringe. Ich neige zu der Ansicht, daß Elstir mit „mehr träumen", „den ganzen Traum" die Hinwendung vom Tagträumen zu Vorstellungen meint. Meiner Ansicht nach bedeutet der ganze Traum: weniger Spaltung, mehr Integration und das Erreichen tieferer Schichten im Inneren.

Freud hat gesagt, die Phantasie des Künstlers müsse ihren egozentrischen Charakter verlieren, um sich für die Kunst zu eignen. „Den egozentrischen Charakter verlieren", bedeutet, glaube ich, auch eine Modifizierung des Lustprinzips. Es erfordert, daß man die äußere Realität, die auch andere Menschen einschließt, und seine Beziehung zu ihnen wahrnimmt und diese Wahrnehmung integriert. Es erfordert auch die Wahrnehmung der Beziehungen der anderen untereinander. Mit anderen Worten: Die Vorstellungsfähigkeit erfordert, anders als der typische Tagtraum, ein gewisses Maß an Aufgeben von Omnipotenz und Ertragen der depressiven Position. Das macht die Vorstellungen reicher und komplexer als ein Wunscherfüllungs-Tagtraum. Je tiefer die Schichten der Seele, die auf diese Weise in Bewegung kommen können, um so reicher, dichter und beweglicher ist die Vorstellungskraft.

Ich möchte die Art der Verschiebung vom Tagträumen zur Vorstellungsfähigkeit

(Imagination), die ich meine, mit dem Material des Patienten L. illustrieren. L. neigt dazu, sich in einen Traumzustand zu verlieren, in dem die Analytikerin, die seine Mutter repräsentiert, erotisiert wird. Als Kind schwankte er hin und her zwischen Zuständen starker Überaktivität und Rückzügen in einen Traumzustand. Während der Woche vor einer Ferienunterbrechung lag er ganz unerreichbar, aber sehr wohlig und verträumt auf der Couch. Gegen Ende der Woche brachte er folgenden Traum: *Er verteilte rosa Servietten auf einem Tisch, und eine Frau störte ihn. Er war wahnsinnig wütend und wachte von der Macht seiner Wut auf.*

Zu den rosa Servietten fiel ihm ein Au-pair-Mädchen ein, das er attraktiv fand, und außerdem die „rosa Bordelle", von denen wir vor einer früheren Ferienunterbrechung gesprochen hatten (damals hatte er mehrere Versionen von Zimmern mit rosa Tapete geträumt, zu denen ihm luxuriöse Bordelle eingefallen waren und die wir später „die rosa Bordelle" nannten. Sie stellten eine Phantasie dar, in der er in einem sehr erotisierten mütterlichen Bauch war. Damals war er tagsüber oft in einem traumartigen, erotisierten Nebel). Er meinte, die Frau im Traum, die ihn immerzu unterbrach, müsse die Analytikerin sein, die Deutungen gab. Plötzlich wandte er sich einem anscheinend ganz anderen Thema zu. Er sagte, er habe eine Hogarth-Ausstellung besucht und sei enorm beeindruckt gewesen. Er möge Hogarth und habe ein Buch mit Fotos von seinen Bildern. Aber diese Reproduktionen seien sehr anders als die Original-Lithographien. Sie seien undeutlich, verkleinert und weil es Fotos seien, seien sie seitenverkehrt – ganz anders als die Lithographien, die genau seien, sehr tief eingeätzt, und die ein Gefühl von Tiefe vermittelten. Ich wußte, daß er sich bequem leisten konnte, zu kaufen, was ihm gefiel, und so fragte ich ihn, warum er die fotografischen Reproduktionen, wenn sie so unbefriedigend seien, überhaupt gekauft habe, statt ein paar Lithographien zu nehmen.

Er lachte und sagte, ich würde es kaum glauben, aber gerade daß die Bilder im Buch seitenverkehrt seien, habe ihn sehr angezogen. Und dann fügte er hinzu: „Eigentlich fühle ich mich jetzt wie der Jugendliche, von dem ich Ihnen erzählt habe, der vollkommen verrückt war und enorm stolz darauf. Ich fand die seitenverkehrten Bilder ziemlich originell und aufregend." Er sagte, beim Betrachten der Lithographien sei er auch beeindruckt gewesen, wiederzuentdecken, daß sie eine Perspektive hätten und sehr tief geätzt seien, was die fotografische Wiedergabe überhaupt nicht vermittle. Er fuhr dann fort und sprach davon, wie sehr er Hogarth bewundere. Hogarth habe ein so genaues Sehvermögen. Er könne Spaß, Humor und Sexualität ausdrücken, aber er weiche auch der Wahrnehmung von Demütigung oder Schrecken nie aus. Und er wiederholte: „Es ist alles so tief eingeätzt."

Ich glaube, mit diesen Einfällen zeigte er den Unterschied zwischen seinem wunscherfüllenden Tagtraum, der auf Spaltung, Verkehrung ins Gegenteil, Idealisierung, Selbstidealisierung und vollkommener Ich-Bezogenheit beruhte; sein Objekt hatte den Charakter eines rosa Bordells, entmenschlicht und nur dazu da, seinen Bedürfnissen zu dienen – und auf der anderen Seite Hogarths Vorstellungskraft, die sich auf die Wahrnehmung der Realität gründet, einer Realität mit Perspektive, die „tief eingeätzt" ist. Aber in dem Augenblick, als sich seine Assoziationen veränderten, wurde auch eine Veränderung seines inneren Zustandes sichtbar; das masturbatorische Tagträumen wurde von Gefühlen und Vorstellungen abgelöst, denn als er seine Reaktion auf die Lithographien beschrieb, setzte seine eigene Vorstellungskraft ein.

Am nächsten Tag hatte er einen Traum, in dem *er auf einen Aufzug wartete.* (Er benutzte das amerikanische Wort „elevator". Er hatte einige Zeit in den USA gelebt, und manchmal benutzte er amerikanische Ausdrücke.) Er assoziierte nicht direkt zu dem Traum, sondern sprach mit schmerzlichen Gefühlen und Neid über X., einen Mann, den er gestern getroffen habe. Er sei immer neidisch auf X. gewesen, den er für intelligenter und produktiver hielt, als er selbst es war. Er erinnerte sich daran, daß X. ihn vor einiger Zeit zum Essen eingeladen habe und daß er nicht hingehen konnte, weil seine Frau krank war. Er, der Patient, sei wütend auf seine Frau gewesen, und er habe gedacht, X. werde auch ärgerlich über sie beide sein. Aber als er X. angerufen habe, sei er überrascht gewesen, daß X. sehr besorgt war wegen der Krankheit seiner Frau und ihm viele Fragen darüber stellte. Der Patient war beschämt, daß er selbst so wenig Interesse an der Krankheit seiner Frau hatte, daß er die mitfühlenden Fragen seines Freundes noch nicht einmal angemessen beantworten konnte. Er sagte, es werde ihm jetzt klar, daß X. psychisch auf einer ganz anderen Stufe sei, als er selbst damals war. An dieser Stelle lenkte ich seine Aufmerksamkeit auf die Tatsache, daß er, was ungewöhnlich für ihn sei, den Lift einen „Elevator" genannt hatte; ich meinte, daß er den Aufzug genommen habe, stelle vielleicht seinen eigenen Wunsch dar, sich auf einer „erhobenen" (elevated) psychischen Stufe zu befinden. Er stimmte dem zu und ergänzte, es gebe einen Lift zum Behandlungszimmer, den er nie benutze. Er gehe die zwei Treppen immer zu Fuß. Er frage sich auch, ob er im Traum auf den Lift warten wollte, weil er, wenn er die Stufen hinaufgehe, in der Regel allein im Treppenhaus sei, während man den Lift mit anderen teile. Ich dachte an die vorangegangene Stunde und stimmte zu, daß die höherentwickelte psychische Stufe, von der er sprach, die Existenz anderer Menschen einbezog. Ich glaube, sein Tagtraum war dabei, seinen „egozentrischen Charakter" zu verlieren und sich der Imagination anzunähern. Die „höhere Stufe" bedeutete auch das Zulassen seiner Rivalitätsgefühle und seiner Eifersucht – z. B. X. gegenüber. Sie bedeutete auch die Anerkennung von Schmerz bei sich und bei anderen und die Fähigkeit zu Mitgefühl, wie es der bewunderte und beneidete X. gezeigt hatte. Mit anderen Worten: sie bedeutete, sich den Konflikten der depressiven Position zu stellen. All diese Gefühle fehlten in seinen Träumen von rosa Bordellen und in den ihnen verwandten Tagträumen, in denen er sich paradoxerweise immer allein erlebte.

Ich habe über den Patienten, der seinen Geschwistern Geschichten erzählte, gesagt, daß er Schriftsteller hätte werden können. Seine Analyse deckte auf, warum er keiner werden konnte; und es kam ihm auch tatsächlich niemals in den Sinn, daß Schreiben ein möglicher Beruf für ihn werden könnte. Er war ein sehr abgewehrter und geordneter Mensch; sein Behandlungswunsch hatte zum Teil mit unverständlichen Anfällen von Angst und Depression zu tun. Er kam immer mit einer „guten Geschichte" in die Stunde, die weder langweilig noch unbedingt flach oder abgedroschen war, aber immer logisch und ohne Widersprüche. Er benutzte sogar oft psychoanalytische Einsichten, um eine Geschichte über sich und andere zusammenhängend und widerspruchsfrei zu machen. Allmählich enthüllte sich eine tiefe Spaltung. Hinter den Geschichten steckte ein Gefühl von Chaos und Bedrohung – ein Schrecken, den er im Gegensatz zu Hogarth nie genügend integrieren konnte, um in der Lage zu sein, ihn auszudrücken und zu symbolisieren. Seine Geschichten stellten noch immer eine Abwehrstruktur gegen tiefere und beängstigendere Realitäten dar, ganz wie die Geschichten, die er sich selbst und seinen Geschwistern erzählte, um Alpträume zu vertreiben.

Beim Lesen von Science-Fiction-Literatur fiel mir auf, daß sich der Unterschied zwischen dem Tagtraum und Vorstellungen verstehen lassen könnte als Unterschied zwischen „als ob" und „was, wenn". Die Masse billiger Science-fiction-Romane, die auch „Weltraum-Opern" genannt werden, stellen eine „Als-ob"-Welt dar: ein kriegerischer männlicher oder weiblicher Held erobert Sterne, durchstreift den Weltraum und besiegt Bösewichter. Diese Art von Science-fiction ist reine Flucht und erleichtert sogar das Tagträumen, denn jemand anders hat sich die Mühe gemacht, die Geschichte zu entwerfen. Aber nicht alle Science-fiction-Geschichten sind so. Es gibt solche, die fest in der Realität wurzeln. In der Regel liegt ihnen ein „was, wenn" zugrunde: Vorstellungen, was geschehen könnte, wenn ein be-

143

stimmter Parameter sich ändern würde, Geschichten darüber, wie die Zukunft aussehen würde, wenn dies oder jenes sich ändern würde, wenn etwa ein bestimmter beobachtbarer sozialer Trend in die Zukunft projiziert wird – „was, wenn dieser Trend die Oberhand gewinnt?" Und nicht unbedingt nur in die Zukunft: „Wie würde die Welt aussehen, wenn dies oder jenes statt diesem oder jenem in der Geschichte geschehen wäre?" Oder: „Was wäre, wenn es keine Schwerkraft gäbe?" Diese Art von Vorstellungen verleugnen die Realität nicht, um eine „Als-ob"-Welt herzustellen, sondern sie erforschen Möglichkeiten. Mögliche Welten werden erschaffen, indem einige Faktoren verändert werden, um zu sehen, „was wäre, wenn", und indem die Welt zu einer neuen Phantasie-Welt geformt wird, die ihre eigene innere Konsistenz und Wahrheit hat. Bei der Schilderung der Themen solcher Geschichten habe ich das Problem natürlich zu sehr vereinfacht. Der Inhalt ist nicht das einzige Kriterium: Junge trifft Mädchen, Junge verliert Mädchen, Junge findet Mädchen wieder – das sind die Themen vieler großer Werke der Literatur. Dazu kann auch das Thema „Held besiegt Bösewicht" gehören. Immer geht es dabei um die Frage von Form, Stil, Tiefe der Charaktere und all der anderen Eigenschaften, die beteiligt sind, wenn nicht eine „Als-ob"-Welt, sondern eine psychologisch wahre Welt geschaffen wird, die in inneren und äußeren Wahrheiten wurzelt. Das gilt für Science-fiction genauso wie für alle anderen Formen von Kunst. Der Unterschied zwischen Phantasie und Imagination liegt in dem Ausmaß der Verleugnung der Realität (Lepschy 1986).

In den *Zwei Prinzipien des psychischen Geschehens* spricht Freud von „Probedenken":

> Die motorische Abfuhr, die während der Herrschaft des Lustprinzips zur Entlastung des seelischen Apparates von Reizzuwächsen gedient hatte, und dieser Aufgabe durch ins Innere des Körpers gesandte Innervationen ... nachgekommen war, erhielt jetzt eine neue Funktion, indem sie zur zweckmäßigen Veränderung der Realität verwendet wurde. Sie wandelte sich zum *Handeln*.
>
> Die notwendig gewordene Aufhaltung der motorischen Abfuhr (des Handelns) wurde durch den *Denkprozeß* besorgt, welcher sich aus dem Vorstellen herausbildet. ... Es ist im wesentlichen ein Probehandeln mit Verschiebung kleinerer Besetzungsquantitäten, unter geringer Verausgabung (Abfuhr) derselben.
>
> (Freud 1911, GW VIII, S. 233)

Denken ist „Probehandeln". Zwischen Verlangen und Befriedigung besteht eine Lücke. Unter der Herrschaft des Lust-Unlust-Prinzips wird diese Lücke mit Halluzinationen aufgefüllt – die Welt des „Als-ob". Die motorische Entladung, die Freud nur energetisch versteht, nämlich als Entladung von Spannung, verstehe ich auch als eine phantasierte Entladung von Beta-Elementen – ein primitiver Prozeß projektiver Identifizierung.

Wenn ein gewisses Maß an Realität erlebt wird, wird diese Lücke meinem Verständnis nach mit einer Phantasie aufgefüllt, an der nicht omnipotent festgehalten werden muß, sondern die der Überprüfung zugänglich ist. Sie kann durch Handeln überprüft werden – „wenn ich weine, kommt die Mutter und füttert mich", oder „wenn ich meinen Hunger wie Kot aus mir raustue, funktioniert das nicht: ich bin immer noch hungrig". Aber Phantasien werden nicht nur durch Handeln oder durch die Wahrnehmung der äußeren Realität überprüft; sie werden auch innen überprüft: „Wenn ich meine Mutter töte, erleide ich Gefühle von Schuld und Verlust." Solche frühen Phantasien entsprechen einem „was, wenn?", nicht einem „als-ob" – es sind „Probe"-Phantasien, präverbale Gedanken. Sie bilden die Grundlage rationalen Handelns. Handeln wird zu Recht oft der Vorstellung gegenübergestellt, aber um vernünftig zu sein, muß das Handeln aus Vorstellungen entstehen: Es muß vorhersehen, „was geschehen wird, wenn ich dieses und nicht jenes tue". Beide, Spiel wie Kunst, brauchen Vorstellungskraft, aber das Spiel ist in erster Linie eine kindliche Aktivität. Es hat oft die Qualität eines Tagtraumes. Spielen kann mit nur minimalen Vorstellungen vor sich gehen, oder es kann im Gegenteil sehr einfallsreich sein. Natürlich bedeutet es auch den Anfang von Arbeit. Es kann mit Frustration und Schmerz verbunden sein und Ausdauer verlangen. Aber im großen und ganzen wird es, wenn es nicht mehr überwiegend vergnüglich ist, aufgegeben.

Nicht so die Kunst. Im Gegensatz zum Spiel hat die künstlerische Kreativität mit viel Schmerz zu tun, und es gibt ein zwingendes Bedürfnis, etwas zu erschaffen. Es kann nicht einfach aufgegeben werden. Wenn eine künstlerische Unternehmung aufgegeben wird, so wird das als Versagen erlebt, manchmal als Katastrophe. In der kreativen Arbeit selber ist, so genußvoll sie auch sein mag, immer auch ein wichtiges Element von Schmerz enthalten. Und sie erfordert nicht nur psychische Arbeit, von der ich im vorigen Kapitel gesprochen habe, sondern auch ein großes Maß an bewußter Arbeit, gekoppelt mit einem hohen Maß an Selbstkritik, die oft sehr schmerzhaft ist. Künstlerische Kreativität hat vieles mit dem Spiel gemeinsam, aber sie ist alles andere als ein „Kinderspiel".

Außerdem ist das Spiel nur zufällig eine Kommunikation, während Kunst nicht nur eine innere Kommunikation bedeutet. Sie ist eine Kommunikation mit anderen. Und ein großer Teil der Arbeit besteht darin, neue Möglichkeiten der Kommunikation zu erschaffen. Das Spiel des kleinen Jungen, das ich zu Anfang dieses Kapitels beschrieben habe, war für einen interessierten Beobachter faszinierend, aber eben nur für einen interssierten Beobachter. Das Werk des Künstlers muß sein Publikum in interessierte Beobachter verwandeln. Der Künstler muß Interesse wecken und auf sein Publikum Eindruck machen. Neue symbolische Mittel dafür zu finden ist das Wesen seiner Arbeit. Das kindliche Zeichnen, Modellieren und Schreiben sind Schritte zwischen Spiel und Kunst.

Tagträumen, Träumen, Spiel und Kunst sind Möglichkeiten, unbewußte Phantasien auszudrücken und durchzuarbeiten, und sie sind anfällig für ähnliche Störungen. Aber was ist der Unterschied zwischen ihnen? Das Verständnis des nächtlichen Traums ist der „Königsweg" zum Unbewußten; die Realitätsprüfung und reales Handeln sind ausgesetzt, und das Durcharbeiten geschieht ausschließlich mit Hilfe symbolischer innerer Darstellung. Der Tagtraum hat stärkeren Abwehrcharakter. Er enthält Rationalisierungen und wird so gestaltet, daß er für das wache Ich annehmbar ist. Er gründet sich vorwiegend auf Spaltung und Verleugnung und unterliegt vor allem schizoiden Mechanismen. Aber beim Normalen halten, wie ich zu zeigen versuchte, Tagträume an, selbst wenn das Spalten nachläßt, und sie können sich entwickeln und zur Vorstellungskraft werden, die die Grundlage für Spiel und Kunst bildet. Spiel ist mehr als ein Tagtraum. Im normalen Spiel können unterschiedliche Aspekte des Lebens und seiner Konflikte ausgedrückt werden. Anders als der Tagtraum kümmert es sich auch um die Realität des Materials, das zum Spielen dient, und stellt deshalb auch einen Lernprozeß und ein Bewältigen der Realität dar. So ist die Kunst dem Spiel näher als einem Traum oder einem Tagtraum, aber sie ist mehr als nur ein Spiel.

Alle Kinder, ausgenommen die schwerkranken, und alle Erwachsenen spielen; wenige werden Künstler. Weder der Traum noch der Tagtraum noch das Spiel erfordern die Arbeit – sowohl die unbewußte wie die bewußte –, die die Kunst erfordert. Der Künstler benötigt eine sehr spezielle Fähigkeit, sich den tiefsten Konflikten zu stellen, Ausdrucksformen für sie zu finden und Träume in Realität zu übersetzen. Er erreicht dabei zugleich eine Wiedergutmachung in der Realität wie in der Phantasie, die Bestand hat. Das Kunstwerk ist eine Gabe an die Welt, die Bestand hat und die Künstler überlebt.

Bibliographie

Arnheim, Rudolf (1962) *Picasso's* Guernica: *The Genesis of a Painting,* Berkeley: University of California Press.

Baudelaire, C. P. (1857) ‚Moesta et errabunda', ‚Spleen et idéal', *Fleurs du Mal,* 62. Dt.: *Die Blumen des Bösen,* Ditzingen: Reclam, Ph. jun., 9973.

Bell, C. (1914) *Art,* Oxford: Oxford University Press, 1987.

Bion, W. R. (1957) ‚Differentiation of the psychotic from the non-psychotic personalities', *International Journal of Psycho-Analysis,* 38. Auch in *Second Thoughts,* London: Heinemann, 1967.

– (1958) ‚On hallucination', *International Journal of Psycho-Analysis,* 39.

– (1961) *Experiences in Groups,* London: Tavistock. Dt.: *Erfahrungen in Gruppen und andere Schriften,* Frankfurt/M.: S. Fischer Verlag, 1991.

– (1962) *Learning from Experience,* London: Heinemann. Dt.: *Lernen durch Erfahrung,* Frankfurt/M.: Suhrkamp Verlag, 1992.

– (1963) *Elements of Psychoanalysis,* London: Heinemann. Dt.: *Elemente der Psychoanalyse,* Frankfurt/M.: Suhrkamp Verlag, 1992.

– (1965) *Transformations,* London: Heinemann.

– (1970) ‚Attention and Interpretation', in *Seven Servants: Four works by Wilfred R. Bion,* New York: Aronson, 1977.

Britton, R. (1989) ‚ The missing link: parental sexuality in the Oedipus complex', in *The Oedipus Complex Today* by R. Britton, M. Feldman, and E. O'Shaughnessy (J. Steiner [ed.]), London: Karnac.

Conrad, J. (1897) *The Nigger of the ‚Narcissus',* in Conrad (1946–50). Dt.: *Der Bimbo von der Narcissus. Eine Geschichte von der See.* Zürich: Haffmans Verlag, 1994.

– (1902) *The Heart of Darkness,* in Conrad (1946–50). Dt.: *Herz der Finsternis,* Frankfurt/M.: Insel-Verlag, 1995.

– (1903) *Typhoon* in Conrad (1946–50). Dt.: *Taifun,* Ditzingen: Reclam, Ph. jun., 8701.

– (1912a) *A Personal Record* (zuerst veröff. u. d. T. *Some Reminiscences*), London: Dent (1916). Dt.: *Über mich selbst. Einige Erinnerungen.* Frankfurt/M.: S. Fischer Verlag, 1965.

– (1912b) ‚The secret sharer', (eine Erzählung in *Tales twixt Land & Sea*) in Conrad (1946–50). Dt.: *Der geheimnisvolle Teilhaber,* München: dtv, 1996.

– (1917) ‚ The shadow-line', in Conrad (1946–50).

- (1946–50) *The Collected Edition of the Works of Joseph Conrad,* London: Dent.

Ehrenzweig, A. (1948) ‚Unconscious form creation in art', *British Journal of Medical Psychology,* 21.

Freud, S. *Die Traumdeutung,* G. W., Bd. 2/3, 1900a.

- *Drei Abhandlungen zur Sexualtheorie,* G. W., Bd. 6, 1905a.
- *Der Witz und seine Beziehung zum Unbewußten,* G. W., Bd. 6, 1905c.
- *Der Wahn und die Träume,* G. W., Bd. 7, S. 29, 1907a [1906].
- *Der Dichter und das Phantasieren,* G. W., Bd. 7, S. 211, 1908e [1907].
- *Eine Kindheitserinnerung des Leonardo da Vinci,* G. W., Bd. 8, S. 127, 1910c.
- *Formulierungen über die zwei Prinzipien des psychischen Geschehens,* G. W., Bd. 8, S. 229, 1911b.
- *Das Motiv der Kästchenwahl,* G. W., Bd. 10, S. 23, 1913f [1912].
- *Der Moses des Michelangelo,* G. W., Bd. 10, S. 171, 1914b.
- *Zur Einführung des Narzißmus,* G. W., Bd. 10, S. 137, 1914c.
- *Zur Geschichte der psychoanalytischen Bewegung,* G. W., Bd. 10, S. 43, 1914d.
- *Triebe und Triebschicksale,* G. W., Bd. 10, S. 209, 1915c.
- *Das Unbewußte,* G. W., Bd. 10, S. 263, 1915e.
- *Vorlesungen zur Einführung in die Psychoanalyse,* G. W., Bd. 11, 1916–17 [1915–17].
- *Jenseits des Lustprinzips,* G. W., Bd. 13, S. 1, 1920g.
- *Das Ich und das Es,* G. W., Bd. 13, 1923b.
- *Selbstdarstellung,* G. W., Bd. 14, 1925d [1924].
- *Die Verneinung,* G. W., Bd. 14, 1925h.
- *Hemmung, Symptom und Angst,* G. W., Bd. 14, 1926d [1925].
- *Dostojewski und die Vatertötung,* G. W., Bd. 14, 1929b [1927].
- *Neue Folgen der Vorlesungen zur Einführung in die Psychoanalyse,* G. W., Bd. 15, 1933a [1932].
- *Abriß der Psychoanalyse,* G. W., Bd. 17, 1940a [1938].
- *Aus den Anfängen der Psychoanalyse,* Frankfurt/M.: S. Fischer Verlag, 1962.

Fry, Roger (1924) *The Artist and Psychoanalysis,* London: Hogarth.

Geissman, Claudine (1990) ‚L'Enfant aux billes: essais sur la communication chez un enfant autiste', *Journal de Psychanalyse de l'Enfant,* 8.

Goethe, J. W. (1832) *Faust.* 2. Teil, 1. Akt (5). Finstere Galerie.

Golding, W. (1964) *The Spire,* London: Faber.

Heimann, P. (1950) ‚On counter-transference', *International Journal of Psycho-Analysis,* 31.

Holmes, R. (1974) *Shelley: the Pursuit*, London: Weidenfeld & Nicolson.

– (1985) *Footsteps*, London: Hodder & Stoughton.

Isaacs, S. (1948) ‚The nature and function of phantasy‘, *International Journal of Psycho-Analysis*, 29; auch in *Developments in Psycho-Analysis*, hg. v. M. Klein, P. Heimann, S. Isaacs, and J. Riviere, London: Hogarth.

Jones, E. (1916) ‚The theory of symbolism‘, *Papers on Psycho-Analysis*, London: Baillière, Tindall & Cox. Dt.: *Die Theorie der Symbolik und andere Aufsätze*, Hamburg: Europäische Verlagsanstalt, 1987.

Kjetsaa, Geir (1988) *Fyodor Dostoevsky*, London: Macmillan.

Klee, Paul (1908) *Journal 844*. Zit. bei Robert Lyndon (1936) *Klee*, London: Spring Books. Dt.: *Tagebücher 1898–1918*, Köln: DuMont Verlag, 1995.

Klein, M. (1923) ‚The role of the school in libidinal development‘, in Klein (1975) *The Writings of Melanie Klein*, vol. I, *Love, Guilt and Reparation and other works 1921–45*, London: Hogarth Press. Dt. in: *Int. Z. f. Psa.* 9 (1924).

– (1929) ‚Infantile anxiety situations reflected in a work of art and the creative impulse‘, in Klein (1975, ibid.). Dt. in: *Int. Z. f. Psa.* 17.

– (1930) ‚The importance of symbol-formation in the development of the ego‘, in Klein (1975, ibid.). Dt. in: *Das Seelenleben des Kleinkindes*, Stuttgart: Klett-Cotta, [3]1989.

– (1931) ‚A contribution to the theory of intellectual inhibition‘, in Klein (1975, ibid.).

– (1935) ‚A contribution to the psychogenesis of manic-depressive states‘, in Klein (1975, ibid.). Dt. in: *Das Seelenleben des Kleinkindes*.

– (1940) ‚Mourning and its relation to manic-depressive states‘, in Klein (1975, ibid.). Dt. in: *Das Seelenleben des Kleinkindes*.

– (1946) ‚Notes on some schizoid mechanisms’, in Klein (1975) *The Writings of Melanie Klein*, vol. III, *Envy and Gratitude and Other Works 1946–63*, London: Hogarth Press. Dt. in: *Das Seelenleben des Kleinkindes*.

– (1952) ‚The mutual influences in the development of ego and id‘, in Klein (1975, ibid.).

– (1975) *The Writings of Melanie Klein*, vol. I, *Love, Guilt and Reparation and Other Works 1921–45*; vol. II, *The Psycho-Analysis of Children*; vol. III, *Envy and Gratitude and Other Works 1946–63*; vol. IV, *Narrative of a Child Analysis*, London: Hogarth Press. Dt.: Neid und Dankbarkeit, in: *Das Seelenleben des Kleinkindes*.

Lepschy, G. (1986) ‚Fantasie e immaginazione‘, *Zeplettere Italiane*, NI – 39.

Lyndon, Robert (1936) *Klee*, London: Spring Books.

Meltzer, D. (1966) ‚The relation of anal masturbation to projective identification', *International Journal of Psycho-Analysis,* 47; and in *Melanie Klein Today,* E. Bott Spillius (ed.) London: Routledge, 1989. Dt. in: *Melanie Klein Heute,* Bd. 1, Stuttgart: Verlag Internationale Psychoanalyse, 1990.

Money-Kyrle, R. (1965) ‚Success and failure in mental maturation', in Money-Kyrle (1978).

– (1968) ‚On cognitive development', *International Journal of Psycho-Analysis,* 49; and in Money-Kyrle (1978).

– (1978) *The Collected Papers of Roger Money-Kyrle,* Strath Tay: Clunie Press.

Mooney (1896) ‚The ghost-dance religion and the Sioux outbreak of 1890', *Annual Report of the Bureau of American Ethnology,* 14 (2), Washington, DC.

Proust, Marcel (1913–1927) *A la Recherche du Temps Perdu,* Harmondsworth: Penguin. Dt.: *Die wiedergefundene Zeit,* Bd. 7 von *Auf der Suche nach der verlorenen Zeit.* Frankfurt/M.–Zürich, 1957.

Rickman, J. (1940) ‚On the nature of ugliness and the creative impulses', *International Journal of Psycho-Analysis,* 40.

Rilke, R. M. (1923) *Duineser Elegien* 1,4. Dt.: *Duineser Elegien. Sonette an Orpheus.* Zürich: Manesse Verlag, 1991.

Rodin, A. (1911) *L'Art* (Gespräche mit Paul Gsell), Paris: Gresset.

Rosenfeld, H. (1952) ‚The psychoanalysis of the superego conflict in an acute schizophrenic patient', in *Psychotic States,* London: Hogarth Press.

– (1962) ‚The superego and the ego ideal', in *Psychotic States,* London: Hogarth Press.

– (1964a) ‚The psychopathology of narcissism', in *Psychotic States,* London: Hogarth Press.

– (1964b) ‚An investigation into the need of neurotic and psychotic patients to act out', in *Psychotic States,* London: Hogarth Press.

Rothstein, Arnold (ed.) (1985) *Models of the Mind,* New York: International Universities Press.

Segal, H. (1950) ‚Some aspects of the analysis of a schizophrenic', *International Journal of Psycho-Analysis,* 31; auch in: Segal (1986, dt. 1992).

– (1952) ‚A psycho-analytic contribution to aesthetics', *International Journal of Psycho-Analysis,* 33; auch in: Segal 1986, dt. 1992).

– (1957) ‚Notes on symbol formation', *International Journal of Psycho-Analysis,* 38; und in Segal (1986); auch in: Spillius (1989, dt. 1991).

– (1964) *Introduction to the Work of Melanie Klein,* London: Heinemann. Dt.: *Melanie Klein. Eine Einführung in ihr Werk,* Frankfurt: Fischer TB, 1983.

- (1972) ‚A delusional system as a defence against the emergence of a catastrophic situation', *International Journal of Psycho-Analysis,* 53.
- (1978) ‚On symbolism', *International Journal of Psycho-Analysis,* 59.
- (1981) ‚The function of dreams', in *Do I Dare Disturb the Universe?,* J. S. Grotstein (ed.), Beverly Hills, CA: Caeswa Press.
- (1982) ‚Early infantile development as reflected in the psychoanalytical process: steps in integration', *International Journal of Psycho-Analysis,* 63.
- (1983) ‚Some clinical implications of Melanie Klein's work', *International Journal of Psycho-Analysis,* 64.
- (1985) ‚The Klein-Bion Model', in *Models of the Mind* in Rothstein (1985).
- (1986) *The Work of Hanna Segal,* London: Free Association Books. Dt. in: *Wahnvorstellungen und künstlerische Kreativität,* Stuttgart: Klett-Cotta, 1992, S. 17–44.
- (1989) *Klein,* London: Karnac.

Sharpe, E. (1930) ‚Certain aspects of sublimation and delusion', *International Journal of Psycho-Analysis,* 11.

Shelley, P. B. (1812) Bodleian manuscripts, Folder 21–23. Auch zitiert in Holmes (1974). Dt.: *Ausgewählte Werke. Dichtung und Prosa.* Frankfurt/M.: Insel-Verlag, 1990.

- (1821) *Epipsychidiom.*

Spillius, E. Bott (1989) *Melanie Klein Today,* London: Routledge. *Melanie Klein heute,* Stuttgart: Verlag Internationale Psychoanalyse, 1991.

Stokes, A. (1965) *The Invitation in Art,* London: Tavistock. Dt.: *Malerei und die innere Welt,* Frankfurt/M.: Suhrkamp Verlag, o. J.

Strachey, J. (1934) ‚The nature of the therapeutic action of psycho-analysis', *International Journal of Psycho-Analysis,* 15.

- (1958) Editor's note: ‚Formulations on the two principles of mental functioning', *Standard Edition of the Complete Psychological Works of Sigmund Freud,* 12: 215.

White, P. (1970) *The Vivisector,* London: Cape.

Winnicott, D. W. (1971) *Playing and Reality,* London: Tavistock. Dt.: *Vom Spiel zur Kreativität,* Stuttgart: Klett-Cotta, 1995.

Wollheim, R. (1969) ‚The mind and the mind's image of itself', *International Journal of Psycho-Analysis,* 50.

- (1973) *Art and the Mind,* London: Allen Lane.

Wordsworth, W. (1850 [1805]) *The Prelude,* Book I. Dt.: *Präludium oder das Reifen eines Dichtergeistes,* Ditzingen: Reclam, Ph. jun., 9765–70.

Personenregister

Sachregister

157

159